改革开放40周年丛书

温州人经济研究中心

中国语言文化在海外华侨华人社会中的传播研究

——基于对意大利华侨华人社会的考察

严晓鹏 郑 婷 等著

The Research on the Function of Transmission of Chinese Language and Culture among Overseas Chinese—Research of Overseas Chinese Community in Italy

浙江工商大学出版社
ZHEJIANG GONGSHANG UNIVERSITY PRESS

图书在版编目(CIP)数据

中国语言文化在海外华侨华人社会中的传播研究 ：基于对意大利华侨华人社会的考察 / 严晓鹏等著. — 杭州 ：浙江工商大学出版社，2018.10
ISBN 978-7-5178-3028-3

Ⅰ．①中… Ⅱ．①严… Ⅲ．①汉语－文化语言学－文化传播－研究②华人－社会团体－研究－意大利 Ⅳ．①H1-05②G125③D634.354.6

中国版本图书馆CIP数据核字(2018)第254129号

中国语言文化在海外华侨华人社会中的传播研究
——基于对意大利华侨华人社会的考察

严晓鹏 郑 婷 等著

策划编辑	郑 建
责任编辑	徐 凌 谭娟娟
封面设计	林朦朦
责任印制	包建辉
出版发行	浙江工商大学出版社
	(杭州市教工路198号 邮政编码310012)
	(E-mail：zjgsupress@163.com)
	(网址：http://www.zjgsupress.com)
	电话：0571-88904980，88831806（传真）
排 版	杭州彩地电脑图文有限公司
印 刷	虎彩印艺股份有限公司
开 本	710mm×1000mm 1/16
印 张	10.5
字 数	165.6千
版 印 次	2018年10月第1版 2018年10月第1次印刷
书 号	ISBN 978-7-5178-3028-3
定 价	49.00元

本著作是以下项目资助成果：

浙江省哲学社会联合会研究课题：中国语言文化在海外华侨华人中的传播作用研究（编号：16NDJC134YB）

温州大学出版资助

C目 录
ONTENTS > > > > > >

第一章 引 言

1　第一节　研究问题的提出

3　第二节　研究目的与意义

4　第三节　国内外已有研究综述

8　第四节　研究内容

8　第五节　研究理论和方法

第二章　海外华侨华人社会概况——以意大利为例

10　第一节　海外华侨华人社会概况

15　第二节　欧洲华侨华人概况

18　第三节　意大利社会华侨华人概况

29　第四节　新一代意大利华侨概况

33　第五节　意大利华人社区概况

第三章　意大利华文学校在中国语言文化传播中的作用

41　第一节　意大利华文学校概况

44　第二节　中国语言文化在意大利华校中的传播现状

51　第三节　华校在中国语言文化传播中的作用

54　第四节　华文学校推广中国语言与文化的困境

57　第五节　深化海外华校传播中华语言文化的作用

第四章　意大利华文媒体在中国语言文化传播中的作用

63　第一节　海外华文媒体概况

65　第二节　海外华文媒体的历史

70　第三节　新媒体时代下的海外华文媒体

70　第四节　意大利华文媒体的特点

74　第五节　意大利华文媒体的作用

77　第六节　意大利华文媒体面临的困境和挑战

79　第七节　意大利华文媒体推进中国语言文化传播依赖途径

第五章　意大利华人社团在中国语言文化传播中的作用

89　第一节　意大利华人社团概况

92　第二节　意大利华人社团发展特点与趋势

95　第三节　华社开展中国语言文化传播的意义和作用

99　第四节　华社开展中国语言文化传播的形式与渠道

104　第五节　华社开展中国语言文化传播的特点与趋向

109　第六节　华社传播中国语言文化中的问题

111　第七节　发挥华人社团在中国语言文化传播中的作用的建议与对策

第六章　中国宗教文化在意大利的传播

117　第一节　意大利境内中国佛教的发展现状

119　第二节　中国佛教对推动意大利中国文化传播的主要作用

123　第三节　中国宗教助推文化走出去的对策建议

第七章　中国语言文化传播对海外华侨华人的传播效果与评估

128　第一节　中国语言文化海外传播的自身特点

131　第二节　中国语言文化在意大利华侨华人社会传播过程中面临的机遇和挑战

133　第三节　中国语言文化在华侨华人社会传播的效果

135　第四节　中国语言文化在海外华侨华人社会传播的效果评估体系

第八章　中国语言文化在意大利华侨华人社会中传播的对策建议

145　第一节　加快中国语言文化走出去制度建设

149　第二节　丰富中国语言文化海外传播实践内容与方式

153　**参考文献**

160　**后　记**

第一章
引 言

第一节 研究问题的提出

在全球化的今天，综合国力竞争愈趋激烈，文化的地位和作用日益凸显。越来越多的国家把提升文化软实力确立为国家战略，文化竞争全面升级，文化版图正在重构。文化软实力在一个国家或民族内部体现为国家或民族的凝聚力、创造力，对外则表现为渗透力、说服力和吸引力，其高度强调文化的地源属性和共同体属性，强调地缘文化共同体之间的关系。[①]中华文化源远流长，博大精深，在历时数千年的演化沉淀中，其丰富的文化因素日益成为中国文化软实力的重要构成部分，引起了包括海外华侨华人在内的全球性的关注与认同。

据不完全统计，有6000多万华侨华人分布在全世界233个国家和地区，与此同时，还有3000多万归国侨眷生活在我国各省市及自治区。海外华人华侨不仅在经济上推动了中西合作，更是中华语言文化的海外传播者，是中西文化交流的桥梁。

海外华侨华人是中国文化的创造者、传承者和传播者，是中国推动中国文化"走出去"的重要战略伙伴，是营造良好外部环境、塑造良好国家形象的战略选择影响要素。文明因交流而多彩，文明因互鉴而丰富，文明交流互鉴是推动人类文明进步和世界和平发展的重要动力。中华文化是在中华大地上产生的，也是同其他文化不断交流互鉴而形成的。中华文化既为中华民族生生不息、发展壮大提供了丰厚滋养，也为人类文明进步做出了独特贡献，是全世界共有的精神财富。

[①]张国祚：《中国文化软实力研究报告》，社会科学文献出版社2010年版，第23页。

中国语言文化在海外华侨华人社会中的传播研究——基于对意大利华侨华人社会的考察

The Research on the Function of Transmission of Chinese Language and Culture among Overseas Chinese
—Research of Overseas Chinese Community in Italy

　　"文化"概念是英国人类学家爱德华·泰勒在1871年提出的,他将文化定义为"包括知识、信仰、艺术、法律、道德、风俗以及作为一个社会成员所获得的能力与习惯的复杂整体"。此后,文化的定义层出不穷,其含义也几乎包罗万象,目前关于文化概念的解释有100多个。一般说来,文化有广义和狭义之分。广义的文化包括四个层次:一是物质文化层,由物化的知识力量构成,是人的物质生产活动及其产品的总和,是可感知的、具有物质实体的文化事物,如海外的传统民居建筑、华侨华人创办的实体组织等;二是制度文化层,由人类在社会实践中建立的各种社会规范构成,如社会经济制度、婚姻制度、家族制度、政治法律制度、家族认同、民族认同、国家认同、经济取向、政治取向、宗教信仰以及教育组织、科技组织、艺术组织中的规则等;三是行为文化层,以民风民俗形态出现,见之于日常起居动作之中,具有鲜明的民族、地域特色,如华侨华人的传统文化习俗等;四是心态文化层,由人类社会实践和意识活动中经过长期蕴育而形成的价值观念、审美情趣、思维方式等构成,是文化的核心部分,如华侨华人中的寻根思想、敬祖意识等等。这种广义的文化观有时也指文明。狭义的文化是指人类所创造的精神财富,如文学、艺术、教育、科学等。

　　文化传播是指向外传播本国传统的文化和向本国引入国外文化的双向流转过程,传播活动是任何文化都具有的特性,随着社会经济相互交流、相互影响、相互渗透的加深,文化传播呈现出加速化的趋向。文化传播功能是指通过保存与传播人类的发明、创造、思想、信仰、风俗、习惯等文化,使之世代沿袭,并在空间上得到普及,同时促进文化的累积与继承,推动人们创造新的文化的模式。文化传播除了言传身教的原始特征外,经常需要借助大众传播把文化传播给后代,并继续教育和影响离开了学校的成年人,使社会成员共享同样的价值观、社会规范和社会文化遗产。传播的过程通常需要通过文化交流来实现,这也是人类文明产生的必然和动力所在。在全球化的背景下,异质文化之间的交流日益扩大和深化,交流的层次和形式多种多样,这种趋势在世界范围内是一个必然的持续过程。在使用文化传播功能时,既要注意总体的社会变化特征,认识到问题的必然性,也得关注在文化传播中如何使传统文化在新的环境中顺应时势,得到有效地发扬传播。

第二节 研究目的与意义

从历史上来看，海外的中华文化传播最初实际上是随着中国人走向海外实现的。中国人走向海外的历史也是中华文化在世界传播的历史，中华文化在海外生根、开花、结果，并且和当地所在国的民族文化相融合，从而创造了一种崭新的华侨华人社会的中华文化形态。海外朋友接触、了解华侨华人，同时也认识了中华文化，在这个过程当中，华侨华人在中华文化国际传播的历史上做出了巨大的贡献。所以，习近平同志提出"博大精深的中华文化是海内外中华儿女共同的魂"，这就说明海外华侨华人也是中国文化的创造者、传承者以及中华文化在海外的传播者，广大的华侨华人对中华文化的传承和传播做出了巨大的贡献，他们自觉地承担起在海外传播中华文化的历史使命，对此我们应当给予充分的肯定。

经过40年的改革发展，世界上有越来越多的人热情关注并高度评价中国道路，开始客观看待当代中国价值观念。我们应提高当代中国价值观念的国际知晓率和认同度，在世界上稳固树立当代中国形象。研究中华文化在海外华侨华人中的传播，就是研究中国价值观念在海外发展壮大的情况。

在中国文化"走出去"的传播过程中，海外华侨华人及由其衍生的各类组织、团体作为相关文化内容的生产者和传播者，丰富了社会文化。作为传播主体的传播者是多样的，既有自然人传播者，也有组织及团体传播者，在中华文化海外传播的过程中，除了专、兼职从事跨文化事业的自然人从业者之外，还有华文学校、海外华文媒体、华人商会社团组织这三类凝聚力强、号召力大的机构和组织，它们在中华文化传播事业中发挥着至关重要的作用。

研究该课题，有以下几方面的意义。

第一，深化对华人社团功能的认识。华侨华人社会团体是连接海外华人社会与中国的桥梁和纽带，已经在政治、经济、社会和文化等多个方面发挥了积极作用。但是，具体对华侨华人社会团体某一方面或某一层次作用的分析，在当前的研究中较为薄弱，加强对社团文化功能的研究，将弥补这方面的不足，同时，也能对社团的发展也起到引导作用。

第二，深化对中国语言文化传播理论的认识。在中国文化"走出去"战略的大背景下，华侨华人在海外受文化多样性影响的情势下，分析华文教育、华人社团、华文媒体三大华人社会传播中国文化的支柱传播方式和渠道的变化，可为中

中国语言文化在海外华侨华人社会中的传播研究——基于对意大利华侨华人社会的考察

The Research on the Function of Transmission of Chinese Language and Culture among Overseas Chinese
—Research of Overseas Chinese Community in Italy

国语言文化在当代传播中寻找适当的着眼点。

第三，深化对海外中国语言文化的认识，厘清海外华人所需的文化，判断适合的传播渠道以及了解目前各种平台在中国文化海外传播中的作用和效果。

第三节 国内外已有研究综述

一、对华侨华人的研究

对于华侨华人的研究，国内开展得较早，在上世纪初就有学者对此开展了专门的研究探讨，积累了丰富的资料，并主要集中在华侨华人的发展史领域。近年来，学者在研究华侨华人的其他问题中，也涉及了华侨华人社团的相关问题，以华侨华人社团为个案进行研究或者以某国的华侨华人作为专题进行研究，可在不同程度上认识到近代以来华侨华人社团在中外交流中所起的作用，以及在交往日益国际化的过程中华侨华人社团的独特功能，通过分析这种功能发挥的条件、途径、历史经验，可预测华侨华人社团的发展趋势，并针对这种趋势提出相应的对策建议。较有影响力的研究作品如下：综合性的研究有蔡北华主编的《海外华侨华人发展简史》，该书概括地说明了海外华侨华人的状况和发展演化特征；蔡德奇所著的《华侨华人的新发展》，主要讲述了新中国成立以后海外华侨的状况；黄昆章所著的《印尼华侨华人史》、张仲木所著的《泰国华侨华人史》、吴文焕所著的《菲律宾华人社会经济实况》、翟兴付所著的《萨摩亚华侨华人今昔》等从不同居住地的特点介绍了华侨华人的现状，另有华侨华人的地域研究，如梅伟强主编的《五邑华侨华人史》、温州华侨华人研究所编写的《温州华侨史》、叶杨所编的《福建华侨华人》、庄国土所著的《华侨华人与中国的关系》、蔡苏龙所著的《侨乡社会转型与华侨华人》等。

二、对中华语言文化海外传播理论的研究

传播学的先驱之一哈罗德·拉斯韦尔（Harold Dwight Lasswell）提出了"5W"传播模式，即传播者（Who）、传播内容（Say what）、传播媒介（In which channel）、传播受众（To whom）和传播效果（With what effect）。有学者通过分析中华语言文化在海外传播中对应"5W"模式存在的问题，研究中华语言文化海外传播的情况。有学者引入卡茨（Katz）、布鲁勒（Blumler）和格里维奇（Gurevitch）在传播学领域提出的"使用与满足"理论，该理论主张受众本位，认为在中华文化海外传播的过程中，是选择以语言教学为主，还是以文化学习和体验为主，首先应该考虑受众不同层次的社会和心理需求；其次，传播本身是一种文化交流，是一个编码和解码的过程，传播出去的文化是否能够被顺利而准确地解读，直接影响着传播的效果（张春燕，2014）。

从语言学视角来看，有学者认为"萨皮尔—沃尔夫"假说（Sapir—Whorf Hypothesis）可以解释不同语言需要不同文化作为支撑。"萨皮尔—沃尔夫"假说的内容主要是："首先，人们的语言在其意识形成、思维创造的过程中，决定了他们对世界的看法，这个过程被称为语言决定论。其二，不同的语言不能反映相同的社会内涵，语言在相互转化的过程中会有不同的社会表象，也称之为语言相对论。"吕斯高（Lysgaaerd）的U—融合曲线模式（U—curve Pattern）认为，通过语言的传播可以做到文化的融合，文化间的鸿沟可以通过传播而跨越，并且在传播过程中会经历一个"U型"的过程，具体为"初始期""危机期"和"恢复适应期"。在传播的过程中，双方的满意接受度是从高度期望开始、逐步经历痛苦和排斥的过程，但随着传播和交流程度的不断加深，双方的满意度又会恢复到一个新的高度，并逐步提升融合度。因此，有学者认为文化以"U型"曲线发展并通过语言的传播与交流与其他文化进行融合，以完成文化的传播。

美国跨文化传播学者拉里·A.萨默瓦和理查德·E.波特（2004）将跨文化交流分成两种主要交流形式，即国际交往和国内交往。国际交往是指那些来自不同国家和文化的人们之间的交往。国内外跨文化传播理论成果可概括为七个方面，即将文化纳入传播过程中的理论，解释文化变异性的理论，侧重跨文化有效传播的理论，侧重适应或调整的跨文化调适理论，侧重身份认知管理或协商的跨文化传播理论，侧重传播网络的跨文化传播理论，侧重对新文化移入、适应的跨文化传播理论（胡春燕，2013）。

中国语言文化在海外华侨华人社会中的传播研究——基于对意大利华侨华人社会的考察

The Research on the Function of Transmission of Chinese Language and Culture among Overseas Chinese
—Research of Overseas Chinese Community in Italy

三、对中华语言文化海外传播影响因素的研究

吴应辉（2013）认为语言国际传播必备要素包括：语言传播需求、语言国际传播价值、积极的语言传播态度和措施、语言传播的物质条件。李红宇、倪小恒、李晶（2011）通过建立语言传播需求模型，尝试描述影响语言需求的基本因素，以及语言背后的经济、科技、文化实力对语言选择的影响，并由此对语言的传播扩散进行了数量化分析，对包括汉语在内的几种主要语言的需求趋势进行了初步估算。有学者认为语言传播价值是指语言传播是否给语言输出方或输入方或双方带来有用性的功能，语言传播价值的高低决定了语言是否具有传播的可能性。语言传播的价值高，传播的可能性大，反之则传播的可能性小（吴应辉，2013）。有学者从传播主体角度出发，认为传播主体影响力的评估包括：大小（广度与强度）、深浅（深度和长度）、损益（影响力的方向与结果）和变化（张政法，2013）。美国学者格拉汉姆·威廉森（Graham Williamson）认为传播力是指传播者和受众成功地对信息进行编码和解码的能力，为达到高效的传播效果，传播者必须展示出一定程度的传播力。蒋晓丽、张放（2009）认为国际文化传播取得理想效果的主要障碍在于目标受众的能力（A）、动机（M）、机会（O）三因素水平普遍较低，具体表现在受传者的信息加工能力、受传者的信息加工动机、受传者的信息加工机会方面的影响。吴瑛、葛起超（2011）通过调查中国文化对外传播的效果，发现在传播内容上，不同层面中国文化对外传播的效果差异显著；在传播对象上，宗教信仰是引起不同国家、个体效果差异的重要变量；在传播方式上，对外传播效果的取得有赖于传播模式、传播渠道的改进。杨洋（2013）提出传播学视阈下，中华文化影响力不足的主要原因是：首先，中华文化的内容在对外的吸引力方面不足；其次，中华传统文化的内涵的深入挖掘还不够；再次，中华文化中对现今社会时代精神的概括不足；最后，中华文化与大众媒介技术的融合度还不够高。

四、对中华语言文化海外传播对策的研究

大多数学者都通过研究得出中国语言文化海外传播对策。李艳（2014）提出

把握语言学习的需求动机，激发国外人群的汉语学习热情；挖掘文化产品的独特魅力，由文化吸引力催生语言竞争力；因地制宜，形成与当地文化相适应的语言传播方式与策略。孙强（2012）认为提升文化软实力有必要进行策略重塑和路径创新。策略重塑包括传播理念的"去工具化"，传播形式的"柔性化"和传播媒介的"丰裕化"等；路径创新则可以从分类传播、典型引领和受众体验驱动等方面进行。有学者以理论基础为依据，提出相应对策。盖翠杰、杨上元（2013）以"5W"理论为基础，提出在传播者上，媒体的传播力大幅提升，同时也应注意建构多元化的传播队伍，增强传播意识；在传播内容上，在继续推广汉语教学的同时，应更加重视加强思想文化内涵的提炼与传播；在传播途径上，要重视孔子学院文化传播平台的建设，同时关注图书出版翻译工作；当前尤其需要加强对传播受众和效果分析的研究，以此推动建立和发展全方位、多层次的现代传播体系，提高中华文化的传播力和影响力。有学者从高科技技术层面，针对当前我国语言文化对外传播的实际情况，分析了在全球信息化的今天，将该学科与网络数字语言教室、校园网络环境和数字化教学资源相结合的可行性，从而达到推进我国对外语言文化传播事业的目的（朱麟、李嘉珊，2010）。有学者通过比较其他语种文化国际传播的经验，提出我国语言文化海外传播的对策。李清清（2014）从语言选择的研究视角出发，立足于英语和法语国际传播实践的比较分析，在分析我国汉语国际传播发展现实的基础上，从语言需求与价值、语言态度和语言传播政策这三个层面讨论了英语和法语国际传播为我国汉语国际传播所带来的经验和启示，认为要想加快实现汉语的国际传播，关键在于最大限度地引导和影响全球潜在汉语学习者的语言态度，从而从根本上推动他们做出学习和使用汉语的语言选择。

现有文献虽然涉及了中华语言文化海外传播的理论、影响因素和解决对策方面，但还存在一些问题：（1）对理论的解释停留在描述性研究，对于中华语言文化海外传播这样一个跨学科的研究问题，需结合不同学科的理论进行阐述；（2）对于中华语言文化海外传播影响因素的研究较为分散，没有形成体系，不利于整体性研究；（3）现有研究主要集中在定性研究，定量研究较少，利用指标体系进行的研究更少；（4）研究提出的对策比较笼统，针对性不强，欠缺针对海外华侨华人的研究。

中国语言文化在海外华侨华人社会中的传播研究——基于对意大利华侨华人社会的考察
The Research on the Function of Transmission of Chinese Language and Culture among Overseas Chinese
—Research of Overseas Chinese Community in Italy

第四节　研究内容

本书主要研究海外三大华侨华人社会支柱——华文学校、华人社团以及华文媒体在中国语言文化海外传播中的具体途径、方式方法以及产生的作用和效果，以上内容将在第三章、第四章和第五章分别进行论述。同时，我们也关注到海外华人宗教场所与中国文化传播之间也存在一定的联系，因此将该部分内容单独成章，试论宗教场所与中国文化海外传播的互动。第七章讨论了中国语言文化海外传播效果、评估体系以及影响因素，将传播者、传播媒介和传播受众三个因素设为一级指标，在一级指标下设传播者个人因素、媒介传播能力、受众动机等二级指标。第八章讨论推动中华语言文化海外传播的相关政策，探讨增强中华语言文化海外传播效果的途径与方法。主要的学术观点有：中国文化的海外传播是以广大海外华侨华人为土壤的文化传播，在传播过程中，华人建立的学校、华社、华媒发挥了至关重要的作用，是传播的三大渠道，不同的渠道存在着独立的传播模式，受不同的因素影响，在推动文化海外传播中发挥了不尽相同的作用；我们还需要看到：随着华人的增多，寺庙数量日益增多，寺庙与中国文化传播的联系开始紧密起来，开始成为另一中国文化传播渠道。华人群体的日益增多及传播者自身存在的不同差异，致使中国文化在海外与当地文化有机融合，形成了域外中国文化。

第五节　研究理论和方法

一、中华语言文化海外传播理论基础

中华语言文化海外传播理论作为跨学科的研究，包含了传播学理论、语言学理论和文化传播理论，本研究在传播学的理论基础上，尝试利用传播学的理论解释影响中华语言文化海外传播效果的影响因素。研究主要依据哈罗德·拉斯韦尔（Harold Dwight Lasswell）提出的"5W"模式，即传播者（Who）、传播内容（Say what）、传播媒介（In which channel）、传播受众（To whom）和传播效果（With what effect），分析中华语言文化海外传播中的各要素，认为传播效果受前面四个因素的影响，因为本研究只针对中华语言文化，传播的内容确定，因此，中华语言文化海外传播受到传播者、传播媒介和传播受众三个主要因素的影响。

二、中华语言文化海外传播影响因素指标体系建设

海外华侨华人对国内经济、文化的贡献越来越显著，本研究以海外华侨华人为研究对象，试图在传播学的理论指导下，寻找影响海外华侨华人传播中华语言文化的各因素。基于理论基础的研究，采用传播者、传播媒介和传播受众三个因素为一级指标。如作为传播者的政府机构、海外侨团、华文学校和孔子学院等，作为传播媒介的各种华文报纸、媒体等，以及作为传播受众的海外老一辈华侨华人和新侨民等。在研究中，在每个一级指标下设置不同等级的二级和三级指标，形成完整的指标体系。

研究主要采用访谈、文献、观察等方法，以案例、事件为研究范本，真实客观地描述意大利华侨华人社会三大支柱在海外中国文化传播中的作用。

中国语言文化在海外华侨华人社会中的传播研究——基于对意大利华侨华人社会的考察
The Research on the Function of Transmission of Chinese Language and Culture among Overseas Chinese
—Research of Overseas Chinese Community in Italy

第二章
海外华侨华人社会概况——以意大利为例

第一节 海外华侨华人社会概况

随着中国社会历史的发展，对海外华侨华人[①]，人们在不同情形下有着不同的认知。1990年颁布的《中华人民共和国归侨侨眷权益保护法》第三条，对"华侨"这一概念作出明确法律解释："华侨指定居在国外的中国公民"。[②]《中华人民共和国国籍法》规定：父母双方或一方为中国公民，本人出生在中国，具有中国国籍，但本人出生时即具有外国国籍的，不具有中国国籍。[③]

相对于"华侨"而言，官方和学界对于"华人"并没有一个相对一致的认知与定义，基本上是按照政治（法律）和文化族群类型划分的，但两者又有密切联系。根据《华侨华人分布状况和发展趋势》一书，"华人"的定义为：在一定程度上保持中华文化（或华人文化）和中国人血缘的非中国公民。血缘和文化，是华人属性的最本质特征。[④]

"华裔"概念在大陆使用时，通常指具有中国血统的人，其涵盖范围相较于华侨与华人来说更为宽泛。

无论是中国官方或民间，抑或是中国或外国的各类研究机构，对华侨华人数量的估算和统计结果都相差甚远。根据国务院侨务办公室2014年3月公布的统计数据，海外华侨华人数目大约是6000万。

---

①海外华人又称华裔，指生活在中国国外（中国大陆和台湾地区之外）拥有华人血统的人。
②国务院侨务办公室编：《侨务法规文件汇编1955-1999》，内部文件，1999年印刷，第1页。
③同上，第151页。
④庄国土：《华侨华人分布状况和发展趋势》，国务院侨务办公室2011年版，第3页。

一、移民群体①历史

中国移民历史源远流长，有学者将中国移民历史划分为三个阶段：秦到隋为发轫期，唐宋元明为自发期，明末清初为过渡期。真正意义上中国人大规模移民发生在近代，自1840年鸦片战争开始到1912年清朝结束，此阶段的移民多为契约移民，"苦力"是主要的移民群体。19世纪末，契约华工在国外的悲惨境遇引起了社会公愤，苦力贸易被限制。1912年清朝灭亡后，中华民国成立，中国开始进入自由移民时期。由于国内战争、抗日战争和解放战争相继爆发，民不聊生，移民求生出现了高潮。这些移民主要来自广东、福建、江苏、浙江等沿海地区。1918年到1931年间，仅从汕头和中国香港地区出境的华人就多达380万人。②受国内奔赴海外"勤工俭学"热潮的影响，20世纪30年代移民人数大增。随着"一战"后世界经济的复苏，战前移民与家乡的亲属和村民之间又形成了一个"移民链"，"连锁移民"的现象比较普遍。

"二战"期间，国际社会动荡不止，1949年中华人民共和国成立后，从大陆外迁的情况基本停滞。华人移民最为突出的是中国香港地区以及马来西亚和新加坡的华人群体外迁。

20世纪70年代，中国大陆实行改革开放的政策，随着与国际社会的联系逐渐紧密，移民潮重新出现。在国内越来越宽松的出入境环境、经济与社会的高速发展以及发达国家移民政策相对宽松的共同作用下，越来越多的中国人出于自身各方面的需求，通过各种途径，理性或非理性地选择移民，这部分人被称为"新移民"。

二、海外华侨华人发展的历史贡献

海外华侨华人对中国历史的发展做出了杰出的贡献。从历史来看，海外华侨华人在近代中国社会从封建王朝转变为社会主义社会这段翻天覆地的发展史中起到了重要的促进推动作用，华侨侨领事实上引领了中国近代史发展的潮流。

---

① 作为人口大国之一，印度与中国一样，有着庞大的海外移民群体及其后裔。
② 陈秀容：《中国海外移民类型及移民族群特征探讨》，《地理研究》1999年第1期，第46页。

中国语言文化在海外华侨华人社会中的传播研究——基于对意大利华侨华人社会的考察

The Research on the Function of Transmission of Chinese Language and Culture among Overseas Chinese
—Research of Overseas Chinese Community in Italy

在信息封闭的年代，华侨是我们了解外界、促变求新的桥梁。如接受外域文化长期熏陶的梁启超先生启蒙了中国新民民主主义运动，①中国"三民主义"倡导者孙中山的思想也是从西方文化转化而来的，后来成立同盟会的主要力量绝大多数来自华侨。

抗日战争时期，在民族面临危难之时，世界各地一千多万华侨组成了近千个救国侨社，大力宣传抗日，发动捐献物资支持祖国抗战。义捐、义卖、特捐等各种活动遍布世界各地。各种华侨团体还回国参战，共赴国难。华侨的积极参与大大增强了抗战能力，抗战胜利，华侨功不可没。

华侨在20世纪80年代改革开放初期大规模地来华投资兴业，带来了国内紧缺的资金、技术、人才和先进的管理经验，同时发挥了巨大的示范效应，带动了中国全方位的对外开放及中国经济的大发展。中国经济开放后的40年间，是中国制造的黄金时代，海外华商们的努力为中国出口工业很快适应世界游戏规则、融入西方经济体系做出了很大的贡献。华侨华人在大陆的投资比重极大，国务院侨务办公室2006年向《中国经济周刊》提供的数据显示，中国利用外商直接投资中60%以上来自华侨华人、中国港澳同胞，投资总额达3300亿美元。有数据显示，改革开放后走出国门的新华侨，人数已有千万以上，全国新华侨每年至少能寄回家乡1000亿美元，在海外至少有10000亿美元以上闲资。尤其是近年来，携带高新技术和先进的管理知识、多形式回国创业或为国服务的新华侨华人越来越多，他们已成为推动中国科技、经济发展的一支重要力量。

广大华侨华人是中国改革开放的开拓者、参与者和贡献者。华裔科学家致力于振兴中国的科技事业，开展民间外交，推动政府外交；造福桑梓、兴办各种公益事业，推动侨乡的发展；广大归侨侨眷为祖国现代化建设贡献力量；海外华侨华人为中国改革开放事业做出了独特贡献，是我国全面建设小康社会、实现中华民族伟大复兴的宝贵资源。

华人移民群体的发展为中国当代文化对外传播也提供了诸多有利条件。由于身份与地位的特殊性，华侨华人群体恰恰起到了沟通母国与所在国的文化桥梁的

---

①新民主主义革命是无产阶级领导的，以反对帝国主义、封建主义、官僚资本主义为主的人民民主革命。

作用。随着移民中拥有较高教育水平与经济能力的投资与技术移民比例的增加，他们不仅与中国的联系密切，而且更主动地融入当地社会，他们有条件、有意愿扩大在所在国的文化与社会影响，增强自身群体的凝聚力。首先，华人移民及其后裔经过多年的奋斗，建立起了独具特色的庞大华文传媒体系，目前出版的印刷媒体有500多种，其中日报100多家、期刊180多家、各类刊物230多种；另外有华语广播电台70多家，华语电视台几十家，互联网络性质的媒体更是难以计数。[①]这一体系可以有力地弥补国内媒体在外界看来中立性欠缺的弱点，为中华文化对外传播和交流提供了一种有别于官方媒体的民间渠道，具有积极的意义。

三、中国大陆新移民分类

依照出国目的、途径和职业结构，中国大陆新移民大体可分为四种类型：一是留学生；二是非熟练劳动力，他们主要以亲属团聚理由申请定居身份，少部分人则选择非法途径前往海外定居；三是商务移民，包括投资移民、驻外商务人员和各类商贩；四是少部分留居当地的劳务输出人员。

第一类移民为留学生。从20世纪60年代中期到80年代中期，将近15万中国台湾学生赴美国攻读研究生学位。根据中国台湾"侨委会"2007年发布的调查报告，海外中国台湾人约107万，其中，定居美国者约59万，超过70%具有大专文化水平，其中有硕士、博士学位者占35%。[②]中国大陆大规模派遣留学生虽迟于台湾，但其数量很快后来居上。至2006年，中国大陆留学人员数量已超百万，连同其出国眷属，以留学渠道移民国外的中国大陆人总数在100万以上。留学成为中国人移民国外的主渠道之一。无论是大陆还是港台地区，中国留学人员主要前往发达国家，尤其以北美为最。

第二类移民为非熟练劳动力，他们主要以亲属团聚为由申请定居身份，少部分人则选择非法途径前往国外定居。非熟练劳动力移民也主要前往发达国家，尤其是美国。福州人是中国非熟练劳力移民美国的典型。近20年来，移民美国的福州人高达60多万人。至2005年，仅福州市所辖的60多万人口的长乐县（市），就

①叶继海：《全球化时代中国文化传播力的构建》，《新闻爱好者》2011年第24期，第86-89页。

②庄国土：《世界华侨华人数量和分布的历史变化》，《世界历史》2011年第5期，第10页。

中国语言文化在海外华侨华人社会中的传播研究——基于对意大利华侨华人社会的考察

The Research on the Function of Transmission of Chinese Language and Culture among Overseas Chinese
—Research of Overseas Chinese Community in Italy

有近20万人移民美国。在20世纪80年代，有84.5%来自大陆的美籍华人为父母申请移民美国。我们在福州侨乡调查中发现，通常一个20世纪80年代末定居美国的移民，可带出20多个亲友。2002年对纽约福州人聚居区的调查显示，大多数20世纪70年代定居美国的福州籍老华人，都曾带出数十个亲属。

第三类移民为商务移民，包括投资移民、驻外商务人员和各类商贩。20世纪90年代中期以前，前往发达国家的中国投资移民主要来自中国港台地区。在2000年以前，将近60万的中国香港海外移民中可能有30%属商业移民①。20世纪90年代后期以来，中国大陆前往发展中国家的投资移民数量增长较快，尤其是东南亚地区。彼时，中国大陆逐渐成为世界制造业中心，中国制成品畅销于发展中国家，在发展中国家的投资、工程承包数量激增，大量中国大陆的商贸人员随之涌入发展中国家。

第四类移民为劳务输出人员。劳务输出人员有别于一般移民，大部分劳务人员在合同期满后回国，少部分留居当地。通常中国出国劳务人员的期限一般是两年，且常年保持增长趋势，可视为特殊移民群体。

四、近30年来海外华侨华人群体的特点

20世纪70年代改革开放以来，出于自身发展需求选择移民国外的群体被称为"新移民"。之所以称之为"新"，是因为他们与传统的中国老移民相比，具有相当鲜明的自身特点。不管移入国是哪国，一般他们都是主动自愿移民，且移民的动机多为追求个体更好的发展。与此同时，新移民的来源更为多元化，职业也更为广泛。相较于老移民，新移民具有更强的适应能力，能够更好地与当地环境和社会相融合。新移民更积极主动组建新移民社会群体，积极参政，也取得了较为瞩目的成就。

（一）从移民动机来说，相对于老移民出国求生存的驱动力来说，新移民多是为了追求更为优质的生活，寻求更好的发展机会。因此，他们多摒弃了"落叶

---

①商业类移民通常是指移民到其他国家的企业家、商人、高级管理人员、演艺界人士、运动员等。

归根"的传统观念，选择更能融入当地新生活的"落地生根"的方式，以获得更多的发展机会。在新移民中，高学历人才、技术移民以及投资移民占据的比例日益增多。

（二）从移民的年龄结构来说，中国新移民越来越年轻化，中青年成为新移民的主体。尤其是随着获得发展和更好生活的需求的增加，前往海外留学和投资的人数不断增长，侨居海外的中青年已成为华人生力军。

（三）从新移民的来源地和职业来看，同老一代移民相比，中国新移民表现出明显的多元化特征。在改革开放以前，中国最主要的侨乡集中在福建、广东等地。改革开放以后，国家放宽出境、出国的政策，激发了中国的新移民浪潮。中国海外华人的来源地不再仅限于浙江、福建、广东等传统侨乡，而是遍及全国，尤其是北京、上海、东北三省等地，移民数量发展迅速。在职业分布上，新移民基本涉及了所有类型的职业，并且有相当一部分新移民在本行业取得了令人瞩目的成就，改变了过去老移民以剪刀、理发刀、菜刀为主的职业趋向。

（四）相较于老华侨华人所创立的依靠血缘和地缘为主要纽带的社团组织，新华侨华人组建的社团类型更为多样，功能更为齐全。一些社团组织不但拥有健全的组织和充足的活动资金，还拥有各领域的精英，拥有比老一辈更为强大的号召力和影响力。新华人社团最令人关注的一个新特点就是其鲜明的国际化特征。超越了以往华人社团的单一性，新华人社团联合周边不同国家的华人华侨社团组织，形成规模更为宏大、影响力更为广泛的国际性团体组织。

第二节 欧洲华侨华人概况

中国与欧洲的交往最早始于16世纪，真正有史料记载的，中国人出现在欧洲是在16世纪中叶，但华人开始有规模地迁徙到欧洲，是19世纪中叶以后才发生的事。尤其是在"一战"期间，欧洲各国征集了大量华工修建西伯利亚铁路，从1917年到1922年间，大约有15万名华工被运送到俄国。此后，在20世纪30年代，随着经济大萧条和第二次世界大战的爆发，移民进程近乎停滞。

20世纪70年代初期，中华人民共和国在联合国取得了合法席位，西欧各国相继与中华人民共和国建立了正式大使级外交关系，因此仅有很少一部分大陆移民被准

中国语言文化在海外华侨华人社会中的传播研究——基于对意大利华侨华人社会的考察

The Research on the Function of Transmission of Chinese Language and Culture among Overseas Chinese
—Research of Overseas Chinese Community in Italy

予离开中国大陆，以"家庭团聚"为由前往西欧各国。一度被中断的欧洲的中国大陆移民流又开始了。这小股潮流只是"二战"前移民方式的回归，当时大陆的海外华人家庭被指定住于侨乡，主要位于广东、福建和浙江等沿海省份，他们几乎在国外都有十分过硬的"亲属关系"，前往欧洲的主要是浙江和广东的家庭团聚移民。1978年改革开放，1985年中国颁布了《中华人民共和国公民出境入境管理法》，以法律形式确定了申请出国是中国公民的一项基本权利，只要提供海外人士的邀请信，无论男女，都可以申请出国护照。该法的实施推出了一个全新的大陆新移民体制，其结果就像是将新鲜血液注入欧洲和北美的海外华人社会，格外令人关注。

欧洲的华人移民多来自不同地区甚至不同国家，说着彼此难以交流的方言，他们抵达欧洲的时间、方式也各不相同。要而言之，欧洲的华人移民大约可分为以下五大部分：

第一部分是浙江人。最先抵达欧洲的中国移民是一批小贩，他们主要来自浙江南部，即港口城市温州的内陆地区和现丽水市青田县周围的农村，他们来到欧洲的原因似乎多少与"一战"期间协约国雇佣契约华工有关。但是，对青田华侨史的研究却表明，青田人早在那以前的半个多世纪就远赴欧洲了。就我们所掌握的有限资料而言，他们或取陆路经西伯利亚，或取海道经马赛来到欧洲。然后，他们大多以莫斯科和巴黎为主要中转地，又继续走遍了欧洲几乎所有国家。在中华人民共和国成立之后，来自浙江的移民大大减少了，直至大约1974年之后，移民潮又再度出现。对浙江移民的早期历史的研究仍然有许多模糊之处。关于浙江人在巴黎与荷兰的研究为人们提供了一些认知，但浙江人在东欧的情况人们则知之甚少，东欧共产主义体制环境完全禁止中国人入境，故而完全抹去了早期中国人在那里活动的痕迹。如今，当学者们试图探讨近年来中国人在东欧的问题时，竟然无从了解其早期的历史。

第二部分是广东人。中国珠江三角洲地区的广东人是作为海员来到欧洲的，他们主要集中于港口城市如伦敦、利物浦、鹿特丹、阿姆斯特丹、安特卫普和汉堡。在第二次世界大战结束时，他们大多离开了欧洲，但也有少数留了下来。20世纪50年代之后，他们的同乡——大批中国香港新界人移居英国从事餐馆业，不久又拓展到欧洲大陆的其他国家：首先是荷兰，而后是比利时、法国、德国、挪威、瑞典、西班牙和葡萄牙。

第三部分是来自东南亚和非洲的难民。得到美国撑腰的越南、老挝、柬埔寨三国政府于1975年垮台之后，大量华人从中南半岛逃亡法国，于是，1954年后存在于这个国家的人数有限的印支华人群体立刻膨胀了数十倍。与此同时，西欧其他国家也接纳了少数印支难民。另外，随着印度尼西亚于1947年独立，以及受印尼在20世纪五六十年代推行的有关华人政策的影响，大约有10000名华人从印尼移民荷兰，他们当中有些后来移民美国，近年来也有些移居比利时或德国。还有一小部分华人是从新加坡、马来西亚、莫桑比克和苏里南等欧洲人原先的殖民地移民欧洲的，20世纪六七十年代时，英国、荷兰、比利时和德国的中餐业十分红火，他们很容易在中餐馆找到工作。

第四部分华人移民来自福建省的闽北地区，他们是20世纪80年代后半期出现在欧洲的，这部分人基本上是由所谓的"蛇头"从福建偷运出境的。几乎所有非法出境的福建人选择的移居国都是美国或德国，那些滞留在欧洲其他国家的福建人，或者是由于付不起继续前往美国的费用，或者是"蛇头"在半道上把他们扔下不管了，或者仅仅是由于没有别的办法。

第五部分是在东欧剧变、苏联解体之后进入欧洲地区的华人。这部分移民大多来自中国北方，受过良好教育，其背景与欧洲其他地区的华人大不相同，因而，东欧的华人社会与西欧、南欧的华人社会就形成了本质上的差异。西欧、南欧的华人大多来自农村，来自具有几代移民历史的传统侨乡，出国似乎是一种为传统所左右的行为，除了给家里寄去侨汇、为家乡捐赠钱物之外，这些人与中国并不存在明显的经济纽带。但是，近期移居东欧的北方人则明显不同，他们是契约劳工或移民先驱，对他们而言，移民完全是个人自觉自愿的选择。在他们当中，不少人与中国的国营企业或贸易网络有联系，他们从那里获得货物或某种方便以进入物品短缺的东欧市场。他们的移民方式与传统的华侨已不可同日而语，尽管就目前而言，他们的行为仍然具有很大的独立性，但是，我们完全可以将其视为中国高速发展的商品经济大潮中派往国外的前哨部队。在后社会主义时期的东欧和苏联地区，摆脱了社会主义计划经济体制束缚的快速拓展的中国经济，正与同样咄咄逼人的西方资本主义交锋，正是在这一地区，孕育着最为激动人心的发展前景。移民年代的不同，移民来源地的不同，造成了欧洲华人社会的种种明显差异。

中国语言文化在海外华侨华人社会中的传播研究——基于对意大利华侨华人社会的考察

The Research on the Function of Transmission of Chinese Language and Culture among Overseas Chinese
—Research of Overseas Chinese Community in Italy

第三节 意大利社会华侨华人概况

意大利共和国简称意大利，位于欧洲大陆南端，毗邻地中海，领土范围包括亚平宁半岛及西西里、撒丁等岛屿，共计301333平方公里，人口总数6080.8万。意大利的民族构成相对单一，历史上没有出现过种族问题，而且大部分意大利人信奉天主教。意大利是欧洲文明的摇篮，它凭借着区位优势，承担着沟通中西方文化的重任。从古至今，意大利和中国都保持着紧密的联系。从历史上看，中意两国的友好交往可以追溯到古罗马时代，陆上"丝绸之路"成为连接中国汉朝和罗马帝国的交通要道和贸易通道。传统的友谊和经济文化交往搭建了中意两国人民沟通的桥梁。1970年11月6日，中意正式建交，两国人民之间的来往越来越频繁，尤其是20世纪80年代以后，大批中国移民前往意大利谋生，掀起了移民意大利的热潮，使意大利成为了欧洲华人移民最集中的国家之一。

1975年意大利全境仅有约1000名华侨华人，而1976—2006年这30年来，意大利正式接纳中国新移民及其家属将近15万人。当然，意大利国家统计局公布的是合法移民数据，明显低于一些民间机构的统计数据，例如意大利"多民族活动与研究基金会"（Ismu）的第13期移民报告认为：截至2007年年底，意大利境内的移民共有400万，2007年劳工申请者中，华人约7.3万，华人移民总数增加到约26万[1]。而根据意大利国家统计局现有的数据显示，截至2010年12月31日，意大利华侨华人共209934人，其中男性108418人，女性101516人[2]。在意大利外国侨民中，中国移民人数位于罗马尼亚、阿尔巴尼亚、摩洛哥之后，居于第四位，占外国移民人数的4.59%。对比2010年末和2006年末的数据，意大利合法的华人移民总数增长了65049人，年均增长16262人，但是占外国移民总数却下降了0.34%。此外，中国移民性别比例更趋平衡，这一点表明该群体将更趋稳定并长期存在。

据意大利统计局ISTAT发布的资料显示，截至2015年1月1日，意大利共有5014437名移民，其中有合法身份的中国移民数量为265820人，约占该国移民人口

---

[1]《意大利合法移民人数猛增 华人移民增加到约26万》，中国新闻网，2008年1月29日，http://www.chinanews.com/hr/ozhrxw/news/2008/01-29/1148789.shtml。
[2]《意大利国家统计局数据》，意大利统计局，2006年12月31日，http://demo.istat.it/str2006/query.php?lingua=ita&Rip=So&paese=A9999&submit=Tavola。

总和的5.3%。据中国移民在意大利居住地的调查统计结果显示，以米兰为首府的伦巴第大区有62953名具有身份登记的中国移民，占据生活在意大利的华人数量总和的23.7%，远远超过意大利其他大区。[①]

在意大利，中国侨民除少部分为侨居多年的华侨外，大约80%以上的现有中国侨民都是在1989年后进入意大利的。早在20世纪70年代末80年代初，中国就成为意大利的一个重要移民来源国，浙江人是其中最大的群体，文化程度相对较低。

一、意大利华人移民史

20世纪70年代之后，意大利的移民情况发生了巨大的变化，意大利从移民输出国转向了移民输入国。当时石油危机席卷欧洲各国，欧洲经济衰退，失业率高居不下，市场萧条，社会动荡不安。因此各移民输入国改变了劳工移民输入的移民政策，关闭外籍劳工入境的大门，开始逐渐遣返劳工移民。而之后意大利接受了大量回国的劳工移民和来自其他国家的外国移民。1972年，其移民迁入人数首次大于移民迁出人数，成为了移民净迁入国家。20世纪80年代以来，意大利接收外来移民数量猛增，1996年同1985年相比，增幅达到了159.0%，是南欧国家中接收外来移民最多的国家之一。[②]

根据资料记载，意大利华人移民的历史可以追溯到清朝光绪年间，这些移民的来源地主要是湖北天门和浙江青田，他们分别以贩卖纸花和青田石雕为生。据1991年青田全县侨情调查显示，青田人最早到达意大利的时间为1894年。这些早期的移民并非直接移居意大利，而是经过法国、瑞士等国进入意大利，随后在当地定居。但当时意大利的华人移民数量非常少，仅百人左右，他们绝大部分靠摆摊兜售小商品谋生，语言不通，同当地意大利人交流甚少。第二次世界大战前夕，意大利华人移民人数增长到300人，并且全部都是男性。这些意大利华人移民

---

①姜晓真、李宝贵：《意大利华人青少年汉语语言态度及语言使用情况调查研究——以米兰ZAPPA高中为例》，《云南师范大学学报》2017年第1期，第39页。
②高伟浓：《国际移民环境下的中国新移民》，中国华侨出版社2003年版，第179页。

中国语言文化在海外华侨华人社会中的传播研究——基于对意大利华侨华人社会的考察

The Research on the Function of Transmission of Chinese Language and Culture among Overseas Chinese
—Research of Overseas Chinese Community in Italy

大多为非法移民，仅有极少人拥有合法居留权。1979年，意大利华人有203户，人数不足800人。根据移民当局提供的数字，到1986年年底，意大利有4900多位华人取得了合法居留权。由此可见，早期意大利华人在当地社会所占比例很小，与意大利主流社会脱节情况相对比较严重。

1978年中国政府开始实行改革开放政策，打开国门，允许中国人合法自由出境。从20世纪80年代早期开始，来自中国浙江、福建和东北部分省份的华人纷纷前往意大利，意大利华人移民的数量迅速增长。同时，20世纪七八十年代，中国台湾和香港地区也有3000多人迁往意大利。

二、意大利华人的来源地

长期以来，中国的海外华人移民大多来自中国的沿海地区，尤其是广东、福建两省，其外迁的中国人比例位居所有省份前列。但是早期意大利的华人移民主要来自于中国的浙江省，这段历史可以追溯到20世纪30年代。最早的一批浙江农民来到意大利以后，在街上四处游走售卖小饰品、领带等小物件商品。直到20世纪80年代，意大利的华人仍以浙江籍为主。浙江籍的华人移民通过在意大利的长期打拼，已经在意大利形成了浙江移民社会，根据《浙江华侨志》的统计，目前在意大利的浙江籍移民大约有76841人。这些浙江籍的移民大多来自浙南地区，包括温州市所辖的全部县市区和丽水市青田县。

20世纪80年代末90年代初，随着中国改革开放的程度不断深化，中国对外开放的地区不再局限于东部沿海城市，内地各个省份也先后步入开放的洪流。除了浙江省，中国其他省份的移民开始陆续前往意大利。最早打破意大利浙江籍华人垄断地位的是来自福建的移民。来自福建中部和西部的三明市和福清市的移民成为了继浙江移民之后踏上意大利国土的中国移民。20世纪90年代后期，意大利的华人移民数量有了爆发性的增长，来自黑龙江、吉林、辽宁等省份的华人移民开始增多。这一批来自东北的新移民同已经长期在意大利生活打拼的浙江和福建移民不同，这是由当时的时代背景决定的。20世纪80年代，中国正在进行经济体制改革，破除国有企业的"铁饭碗"制度，实行企业破产和职工下岗制度。在东北地区，有一批因为国有企业重组和事业单位改制等原因而"下岗"的员工，他们纷纷将目光投向了国外，其中部分选择了移民意大利，开始新的生活。这一批来自东北大城市的华人移民受教育程度较高，与浙江籍和福建籍的华人移民相比，不愿意从事体力劳动或繁重的小作坊加工生产活动，同老一批的意大利华人移民存在着一定程度的隔阂。

三、意大利华人的人口构成与分布特点

意大利是欧洲华人最为集中的国家之一，是南欧地区中华人最多的国家。尤其是近20多年来，意大利的华人数量迅猛增长，在意大利非欧移民中排第三位。

从2008年至2014年意大利华人移民的增长率来看，其增长速度波动幅度较大，主要是由于意大利多次大赦非法移民的结果。意大利的移民政策一直有大赦非法移民的传统，从1982年开始，意大利的劳工部就曾经规定赦免境内的非法外籍劳工，随后意大利又多次实行"大赦"，导致意大利的华人移民数量迅猛增加。

中国团体的一个显著特点是他们将独立企业的发展与家庭移民模式相结合。海外团体的成长通过家庭团聚和关系网络的重建来实现，这对独立企业的成功起到了至关重要的作用。这些团体还注重保护传统文化的特点并实践，在大城市中形成了一些区域，这些地方常常被称为"华人街"。

（一）意大利华人的自然结构

华人移民的数量在整个意大利呈指数增长，在居民人数方面迅速上升至非共同体国家名单的第三位。1997年，意大利中国公民不到32000人，占非欧盟公民的3.5％。截至2016年1月1日，意大利已有常驻中国公民333986人，占非欧盟公民人数的8.5％。[1]

意大利华人的男女比例分布不均衡，这主要是由于早期意大利华人移民从事的大多是加工制造业工作，对体力要求高，需要男性劳动力。随着华人从事的行业领域的扩大，尤其是家政服务业的兴起，吸引了大量的华人女性移民，近年来意大利华人新移民中女性所占的比例不断增加，这说明现在意大利华人的男女比例已经逐渐趋向均衡。

中国团体的移民模式是以家庭型移民为基础的，尽管中国团体在意大利的历

---

[1] 中国团体在居民人数方面迅速上升至非共同体国家名单的第三位。

中国语言文化在海外华侨华人社会中的传播研究——基于对意大利华侨华人社会的考察

The Research on the Function of Transmission of Chinese Language and Culture among Overseas Chinese
—Research of Overseas Chinese Community in Italy

史不长，但性别结构完全平衡。根据非欧盟社区的数据显示的，在意大利居住的中国男性公民占50.6%，女性公民占49.4%。

华人团体的年龄比全意大利非欧盟公民的平均值还要小，整个意大利非欧盟人口年龄仅为32岁。年龄在30岁以下的社区占比为46.8%，而非欧盟公民则为42.6%。特别是儿童约占整个社区的26%（比所有非欧盟公民高2%）。

（二）意大利华人的社会结构

从文化教育程度上来看，早期意大利华人的受教育程度普遍不高，他们大多数都是来自浙江地区的农民和工人，文化素质较低；从职业分布上来看，华人移民大多数从事加工制造、贸易等领域方面的工作，目前从事家政、餐饮等服务业的人数越来越多。

意大利华人社会内部的分层主要体现在新老移民之间、移民一代与移民二代之间的分化。早期的意大利华人以浙江籍的华人移民为主，他们在意大利扎根落脚的时间最长，其依靠地缘形成的关系网络在意大利已经十分牢靠，同当地的居民互动也比其他群体要强。意大利华人所创办的大多数工厂、作坊都是这一批浙江籍的移民建立的。经过长期的经营，他们的企业实力雄厚，也逐渐转向多元化经营。而晚于浙江籍的东北三省移民则大多处于华人社会的底层，从事辛苦的体力活动，有的在意大利从事家政服务，有的在工厂里打工，他们的生存境况不佳，经常受到来自浙江和福建的华人的歧视。华人群体里面的这种分层现象十分明显。另外，华人移民中，华一代与华二代之间也存在着分化。华二代接受了意大利等西方国家先进的教育，他们不愿意继承祖业，从事加工制造业，而是转向高科技现代化会展业、服务业、金融业等新兴领域，同老一代的华人移民产生了分歧。

（三）意大利华人地域分布状况

华人移民在意大利各地区的分布并不均衡，但总体上呈现出移民人数逐年递增的趋势。具体来看，在意大利20个大区中，华人集中分布在意大利北部和中部地区，北部以皮埃蒙特大区、伦巴第大区、威尼托大区和艾米利亚—罗马涅大区为主，中部则主要是托斯卡纳大区和拉齐奥大区。意大利华人的区域分布同意大利商业经济中心区域分布不平衡的特点是一致的，意大利的主要商业中心也集中在北部城市和中部城市。这主要是由意大利的历史地理环境决定的。古罗马时期的意大利位于东西方主要交通要道与连接欧、非两大洲的十字路口上，凭借着得天独厚的地理优势和战略位置，意大利北部地区和中部地区相继发展。13世纪末14世纪初，意大利的佛罗伦萨、热那亚、威尼斯等地区成为商品贸易和物流的集散地，是东西方的贸易中心，最早的资本主义萌芽就发生在这里。虽然工业革命以后，欧洲的经济贸易中心转移到西欧，但是意大利北部和中部地区仍然是欧洲经济发展的重要区域。意大利的北部地区相比其他地区而言要发达许多：全国绝大部分的制造业都集中在该地区，米兰、都灵、热那亚是意大利的工业、商业和文化中心；同时，北部波河流域的农业区也是意大利重要的农业粮食生产基地。华人移民从20世纪30年代前往意大利以来，最早落脚的地方就是意大利北部的工业城市米兰。由此可见，意大利华人移民为了更好地生存和发展，都选择了经济更为发达的北部和中部地区作为移居地。

（四）意大利华人行业分布

在米兰市中心的西北角，由卡诺尼卡路、萨勒匹路和布朗曼特路组成的区域，是米兰1.4万华人聚集的中心。商店的数量有600家左右，这些街道的周围，批发或零售的商店主要有服装店、鞋店、家用百货店、副食店、理发店、网吧、汇款行、书店、中药店等。这里曾经是米兰较为落后的区域，华商进驻后，经过多年的发展，这里车水马龙，人气很旺[1]。根据米兰商会2007年的调查，米兰有2800家华人企业，占全国的7%，每年产生5.5亿欧元的营业额，主要都集中在这一区域。现如今，米兰的小型企业中，5.3%为华人持有[2]。罗马的华商聚集区在城东的Vittorio广场周围，这一带华人店铺一家挨一家，数量在600至800家之间，经营的品种以服装和鞋子为主，伴随着华人商业区的出现，中餐馆、副食品商店也应运而生，这里是罗马著名的"华人圈"。由于意大利是欧洲服装等商品的转运中心，此间的华人运输公司十分活跃[3]。普拉托这个曾经附属于佛罗伦萨的小镇，拥有着数百年历史的服装制造工业，占据着高品质时尚商品制造者的位置。20世纪

---

[1]中国日报网：《走进意大利华人生活：建和谐侨社,促积极融入》，2007年7月27日，http://www.chinadaily.com.cn/hqzg/2007-07/27/content_5444910_2.htm。
[2]中国新闻网：《意大利中国移民活跃度高十年间企业数增加232%》，2012年12月17日，http://www.chinanews.com/hr/2012/12-17/4413404.shtml。
[3]中国日报网：《走进意大利华人生活：建和谐侨社 促积极融入》，2007年7月27日，http://www.chinadaily.com.cn/hqzg/2007-07/27/content_5444910_2.htm。

中国语言文化在海外华侨华人社会中的传播研究——基于对意大利华侨华人社会的考察

The Research on the Function of Transmission of Chinese Language and Culture among Overseas Chinese
—Research of Overseas Chinese Community in Italy

60年代，普拉托为了挽救濒临崩溃的纺织品市场，推出了移民优惠政策，20世纪80年代，第一批华人从法国二度移民到普拉托。此后，华人迅速以合法移民和非法移民的方式不断涌入普拉托。

大量华人的涌入，给服装业带来了廉价的劳动力。1989年，普拉托仅有38位华人，而现在，这个不到20万人口的小镇已拥有包括非法移民在内的3万名华人，其中绝大多数是浙江温州籍华人，其华人移民人口数量是意大利全国平均数量的3倍。从地理面积和人口密度的角度来说，普拉托是意大利华人最集中的城市。意大利《新闻报》①曾以"在普拉托中国城，意大利人成老外"为题报道说，普拉托的"中国味道"是从嗅觉开始的：浓烈的中国香料和油炸气味是刚踏入普拉托中国城的任何一个人首先闻到的。而当地华人也开玩笑说"普拉托的公交车只有司机是意大利人，乘客几乎都是中国人"。有了华人，普拉托这个昔日的"欧洲服装中心"自此重焕活力，1992年，由于国民经济产值迅速提高，普拉托被意大利政府列为单列省。一个小镇骤然变成省府，这在意大利的行政管理史中极为罕见。

意大利的华商多以经营轻工业转口贸易和纺织品、箱包、皮具、小商品批发业务为主，其销售市场份额除欧洲其他一些国家外，意大利的市场份额占据着相当大的比例。

餐饮业、服装和皮革加工业等依然是华侨华人经济中的传统行业，其中餐饮业仍然是欧洲华人的主要经济支柱。但随着中国改革开放的实施以及中国国力的日益强盛，而在海外的华侨华人经济也随之步入了新的发展阶段，他们从事的行业门类不断开拓：食品加工与批发、进出口贸易、超级市场、百货商店等行业的规模不断扩大，在一些城市已形成华人某一行业集中的专业街巷，如意大利罗马的华人服装批发街等，在当地闻名遐迩，颇有影响。同时，在意华侨华人也已开始在新的行业范围中施展拳脚，进入保险、金融、房地产、高新技术等行业，并开办旅行社、会计事务所、律师事务所等。意大利华侨华人经济社会也因此产生了诸多辅助经济发

---

①意大利《新闻报》（La Stampa），原名《皮蒙特》，是意大利现存历史最悠久的报纸。1867年在都灵创刊。

展社团，其中以各类商会和同业组织为多。[1]同时，以专业划分、专业性人士组成的社团在数量上也有所增加，在海外华侨华人中的影响和作用也日益显著。

从整体上看，在意华侨华人虽开始涉及新的经济领域，但在金融、房地产、保险、高新技术、律师、会计师等行业中，华人尚未形成规模，主要表现为相关从业人员的分布相对于传统行业来说，还相当零散。但随着高素质新移民数量的增多，加之老华侨华人对子女教育的重视程度不断提升，新经济领域的从业人员数量也在逐年攀升，这已成为新一代华人职业选择的主要趋势，从某种程度上说，这一趋势也可被视为华侨华人逐渐融入意大利主流社会的重要表现。但由于欧洲在经济体制、法制结构以及市场竞争机制已趋于固化，华人想要在短期内在这些高层次行业中占据重要地位的可能性很低，这也与东南亚等地区的华侨华人经济形成鲜明对比。

在意大利记者拉斐尔·欧利阿尼、李卡多·斯达亚诺合著的《不死的中国人》一书中写道：在意大利的中国人，十个有九个出生在浙江。在中国的版图里，浙江是很小的一块，但它的面积是意大利的1/3，人口只比意大利少一点，西边是山，东边靠海，这样狭小的地理状况，使他们不得不看着外面，沿着水路跨越大海。他们顺应外向的天性扩大交流，发展商业和贸易。温州市人民政府经济研究中心主任马津龙对《新闻周刊》（Newsweek）讲道："我们没有选择，只能做生意，在国内国外都是这样。20世纪70年代，当时只有很少的省份有点生意观念，而我们已经有一段时间了。"[2]

1.批发贸易行业

贸易业在意大利华侨华人经济中所占比重很高，曾一度取代中餐业成为意大利华侨华人经济的首要支柱行业。

华人批发贸易商户多为二级批发，主要进货渠道为罗马等地的一级批发商户，直接从国内或其他地区进货的不多，主要客户群体是意大利北部各地的流动零售商，每笔产生的交易量不大，但总体销售量较大。该行业市场已近饱和，商家利润率普遍下

---

[1]较有代表性的有：法国法华工商联合会、全德华商联合会、西班牙华商联合会、葡萄牙华人工商联合会、意大利米兰华侨华人商贸联合会、奥地利中华工商联合会、英国中华饮食业总商会、西班牙巴塞罗那中国餐馆业协会等等。

[2]《美〈新闻周刊〉：中国经济增长的神秘发动机》，环球时报-环球网，2007年11月19日，http://news.sohu.com//20071119/n253336558.shtml。

中国语言文化在海外华侨华人社会中的传播研究——基于对意大利华侨华人社会的考察

The Research on the Function of Transmission of Chinese Language and Culture among Overseas Chinese
—Research of Overseas Chinese Community in Italy

降，一般都只能保持在比较低的水平。据从事该行业的华人商户判断，可能大部分商户处于勉力维持的状况，尤其是近几年刚开始经营的新商户，在整体行业发展出现颓势和启动资金所产生债务的双重压力下，发展前景不容乐观。

目前该行业的问题主要来自行业自身和外部环境两个方面。行业自身方面，首先是急功近利的营销理念。大多数商户"重利轻质"，货品种类单一且大多价格低廉，在销售中过多强调低价优势而忽视产品质量，更有甚者，华人商户之间相互压价而产生恶性竞争，影响了行业的良性发展。其次是保守落后的运营管理模式。商户多为家庭式经营，没有实施科学、有效的物流管理，对进出货信息的掌握不够准确及时，货品积压现象严重。第三是极具风险的交易方式。很多商家法律意识不强，通常采用口头承诺这种原始交易方式，交易双方只强调"信用"，忽视合同保障，在形成一定的贸易关系后，往往先供货、后结账，潜藏着极大的交易风险。

在行业发展的外部环境方面，首先是同业竞争。华人批发贸易商户的兴起和发展，对意当地中低档商品生产和销售企业的冲击较大，很容易受到当地同业的排挤。其次是观念冲突。意大利当地人喜欢保留自己的文化特点和环境，难以接受在城区内出现完全具有其他国家和种族特点的小社会，认为这样将破坏具有意大利文化特点的城市环境及其历史的完整性；而从事批发贸易行业的华人移民为了形成具有集聚效应的商圈，多聚集在一个区域，形成所谓"中国城"模式。这两种观念之间势必产生冲突：批发商户的大量增加，挤压了其他种类的商店，在很大程度上改变了当地人的生活格局；华人贸易商户频繁的、不分节假日的辛勤劳作，装卸货和买卖活动，在很大程度上影响了所在社区居民的正常生活；华人批发贸易商户大多不讲究店铺陈设和橱窗设计，与意大利当地商店的艺术气息形成强烈反差，店内商品的摆放大多非常凌乱，橱窗也是杂乱不堪，不但无法提升整体华人贸易的档次，而且严重影响街区景观。

2.餐饮行业

餐饮行业是旅意华人重要的传统支柱产业之一。粗略估计，目前意大利有1000多家中餐馆，仅米兰就有600家左右。但由于2003年"非典"的影响以及自身的一些弊端，中餐业的发展也面临着困境，逐渐呈现萎缩的趋势，很多中餐业从业人员已逐渐转而经营日餐、西餐和酒吧。

中餐馆中，除"聚宾""玉园"等少数几家在当地社会颇具知名度外，其余餐馆的主要顾客群体仍为华人，尚未进入主流餐饮行列。中餐馆一般分为两种类型，规模较小的中餐馆类似于大排档性质，以向华人和少部分当地人提供快餐和家常菜为主；规模稍大的中餐馆以经营婚礼等宴会、旅游团等群体包餐为主，散客收入仅占其经营收入的很小份额。

早先，该行业也存在很多弊端，如多数中餐馆装修简单，就餐环境一般都较差；菜肴多为浙江温州地区菜式，种类单一且缺乏创新；多数中餐馆档次较低，很难应对意大利主流餐饮的强势竞争，而且由于面向顾客群体均为华人，同业恶性竞争激烈，争夺熟练厨师、相互压价等现象严重。近年来，随着华人从事日餐和西餐行业的人数显著增加，餐馆像中高档餐饮业转型，且多数比较成功，顾客主要以当地人和游客为主，利润较高且客流稳定。

3.服装皮革加工行业

服装皮革加工业是在意华人的传统行业之一。该地区有近2000家服装皮革加工企业，帕多瓦、博罗尼亚、摩德纳、特雷维佐等城市都是华人服装皮革加工业的集中地区。目前，华人服装皮革业以为意大利服装皮革生产企业进行来料加工或成衣辅助加工为主，自主设计生产的品牌寥寥无几。

进入21世纪，该行业发展受到各种不利因素的影响，面临诸多困难。首先，由于市场几近饱和，华人服装皮革加工业内部竞争剧烈，企业之间为了争夺货源，彼此压价，导致该行业利润急剧下降。其次，由于中国、东欧等一些国家的劳动力价格低廉，很多意大利服装皮革生产企业都将生产业务外包给这些国家和地区的加工企业，使得在意华人服装皮革加工行业市场出现很大程度的萎缩。另外，由于服装皮革加工行业工时长、工作量大，华人新移民都不愿意从事这一行业，该行业面临严重的工人短缺问题，企业无法按期交货，导致订单流失。

4.超市零售行业

超市行业也是近些年兴起的华人重要产业之一，主要以经营中国商品和日常用品、食品为主。一般规模较小，利润在20—30%之间。在意大利经营超市行业较为成功的华人是詹杨毅，经营MEC超市，现已形成连锁经营6家，其经营管理模式较为成功。

5.其他行业

其他一些华人新兴行业，如美容美发等服务行业、酒店业、电脑销售及维修、通讯器材及服务，近年来有较大的发展。当地《华人报》认为，由于成本低、利润高，美容美发、按摩、电脑销售等行业已成为成年华人的热门行业。近

中国语言文化在海外华侨华人社会中的传播研究——基于对意大利华侨华人社会的考察

The Research on the Function of Transmission of Chinese Language and Culture among Overseas Chinese
—Research of Overseas Chinese Community in Italy

年来，开设华人中医药行、华人律师事务所、华人房产中介、华人翻译事务所、华人会计事务所的意大利华人比例日益增加。还有不少有一定文化程度的华人开办网上银行、网络媒体、酒店等。

（五）意大利华人的经济活动特点

随着近20多年来意大利华人移民人数的迅猛增长，华人移民在意大利的经济活动规模也随之壮大，而且华人本身具备较强的商业头脑和吃苦耐劳的工作精神，因此意大利的华人企业也快速发展壮大，如今，意大利成为非欧盟国家移民中小型企业中业主最多的国家之一。

意大利华人从事的行业主要包括皮革与服装加工业、餐饮业、进出口贸易、旅游业、现代农业等。

1.行业分布较为集中

从地域分布上来看，意大利的华人企业分布十分集中。根据意大利商务登记管理部门的资料显示，到2014年8月，意大利外来移民企业总数为708000家，华人移民企业数量达到了66000家，所占比例为9.32%，仅次于摩洛哥移民企业和罗马尼亚移民企业。[①]意大利华人企业主要集中在伦巴第（14000家）、托斯卡纳（11800家）、威尼托（8000家）和艾米利亚—罗马涅（6800家）这四个大区；从行业分布上来看，意大利华人企业以贸易为主，其数量已经超过了24050家，其次有18200家从事纺织品、服装、鞋业等制造业的企业，而从事餐馆、酒吧、酒店的仅为13700余家。

2.行业经营范围拓宽

由于受到欧债危机和全球经济危机影响，意大利的进出口贸易遭受严重打击。华人经济以全球商业贸易和加工制造业为主体，面对生存空间的缩小和挤压，华人不得不拓展新的经济发展空间，移民商店、美容美发、按摩、旅行社等服务性行业正逐渐成为意大利华人移民谋求商机的重点行业。意大利第二代华人移民已经开始逐渐摆脱传统移民行业的束缚，大约60%的第二代华人移民自主创业，经营范围远远超出了老一代华人移民。随着信息互联网时代的到来，高科技和金融行为成为了全球投资者的热门选择，意大利的第二代华人移民也正在将目光转向电子、通讯、

---

① 《意大利华人企业数量逆势增长　企业利润多用于当地再投资》，中国侨网，2014年8月12日，http://www.oushinet.com/news/qs/qsnews/20140812/151221.html。

金融、物流、科技、时尚、旅游等众多领域，有的甚至已经小有成就。

3.行业整合趋势加强

意大利华人企业为了增强综合竞争实力，纷纷整合资源优势，形成统一的商城模式经营，降低公共营销成本，提升华人商品的整体形象。目前主要的华人商城有罗马维多利奥华商区、罗马商城（Commer City）、米兰保罗·萨比华商区、帕多瓦华人商城和普拉托华人商城。这五大商城是意大利华人企业寻求新型商业模式的结果，也是意大利其他地区学习的典范。普拉托是意大利华人最为集中的城市之一，根据意大利国家统计局的调查结果，2014年意大利普拉托拥有合法居住权的华人共有33816人，占当年意大利全境华人人口的10.54%，除此之外还有许多华人移民并没有登记在册。[1]

普拉托的"中国城"主要有两个组成部分，一部分是普拉托郊外的伊欧楼（Iolo）和达沃拉（Tavola）工业区，另外一部分是靠近市中心的彼斯道耶哉（Via Pistoiese）和法标费理哉（Via Fabio Filzi）华人聚集地。普拉托从事服装批发行业的华人大部分都集中在"中国城"里。[2]

华人商城的模式有利于形成华人独特的品牌集中效应，华人商城的壮大能够带动该商城内华人企业的发展，同时华人企业在商城内的规范化经营又能够带来良好的经济效益。

第四节 新一代意大利华侨概况

近年来，意大利政府宽松的政策为华人提供了较好的环境，而新移民特别是20世纪90年代以后的中国新移民，由于较大比例接受过现代高等教育特别是西方文化的熏陶，随着语言障碍的消失，他们在思维方法、价值观念、行为方式显现了一些新的特点：

---

① 高婷姗：《当代意大利华人与当地社会的关系研究》，暨南大学硕士学士论文，2015年，第13页。
② 庄国土、李瑞晴：《华侨华人分布状况和发展趋势》，国务院侨务办公室政策法规司编，第205—206页。

中国语言文化在海外华侨华人社会中的传播研究——基于对意大利华侨华人社会的考察

The Research on the Function of Transmission of Chinese Language and Culture among Overseas Chinese
—Research of Overseas Chinese Community in Italy

一、移民类型多元化，其中投资移民成为新移民的突出特征

新华侨华人中具有良好的教育背景和知识层次的逐渐增多，职业构成也更为多元。新华侨华人中有相当一部分有留学经历，他们拥有良好的教育背景和知识结构，适应能力更强，在意大利的就业领域不断扩展，已经突破了老华侨以"三把刀"为主的传统行业，朝着多元化方向发展，在经贸、文化、科技、金融等领域颇有建树，经济实力也逐渐增强。

二、移民社团快速发展，发挥了团结华人、维护华人合法权益的重要作用

改革开放以前，难民身份或家庭团聚是华侨华人取得移民资格并得以在意合法居留和工作的主要方式，他们大多生活、工作在社会底层，远离意大利的主流社会，是被边缘化的社会群体。由于文化水平相对较低，法律意识淡薄，很少有人了解意大利的法律和法规中关于外国移民的合法权益及其保护的相关条款，更谈不上维护自身合法权益。再加上他们秉持中国传统文化中的"中庸之道"，即使合法权益受到不法侵害，他们也往往选择沉默。因此他们被称为"沉默的人群"。但伴随着中国新移民成为欧洲华侨华人的主体力量，参与华人社团的人群急剧膨胀，华人社团规模和数量的发展也日新月异，主要分为三类：一是以祖籍国来源地为主要形式的地缘性社团，如米兰浙江华侨华人联谊会、意大利青田同乡总会、意大利南部文成同乡总会等；二是以行业为主要内容的行业社团，如罗马华侨华人饮食行业协会、意大利（中国）鞋业商会、意大利罗马商城协会等；三是以地区为单元的区域性社团，如威尼斯华侨华人联合总会、都灵华侨华人联谊会、普拉托华人华侨联谊会等。这些华人社团的迅速发展，是意大利华人社会与政治需求的产物。华人社团的广泛存在，发挥了维系祖国情感、传播中国文化、沟通华人网络、维护合法权益的重要社会功能。①

---

① 宋全成：《欧洲的新移民：规模及特征的社会学分析》，《山东大学学报（哲学社会科学版）》2011年第2期，第148页。

三、大众传媒意识和参政意识增强，华人政治地位显著提升

意大利传统的中国移民，往往专注于自己的行业，对政治漠不关心，很少参与社会事务。他们通常有自己相对封闭的华人社区，有着强烈的"过客心态"和"叶落归根"情结，由于语言、文化差异以及经济状况欠佳，他们不主动融入意大利社会，对其政治、文化没有强烈的认同感，政治参与度低。但是，现在这种状况正逐渐发生转变。随着经济地位和收入水平提高、社会融合程度增加等各方面因素的影响，中国新移民逐渐开始重视大众传播媒体的建设和国家政治生活的参与。在意大利，由新移民创办的华人报刊中，《欧洲华人报》《欧华联合时报》《欧洲侨报》等具有较大影响力。在互联网飞速发展的今天，各大报刊也创办了各自的网站、论坛，在华人社会中有较大的影响力。通过这些华文报刊和网络媒体，华人华侨们不仅能了解到国内最新的方针政策和国家、家乡新闻，还能及时解读意大利当地的政策和与华人相关的最新情况。这些华人报刊和网站，在编织意大利的华侨华人的移民网络、缓解华人对祖国的思乡情感、团结华人、凝聚力量、维护和伸张华人的合法权益上，发挥了非常重要的作用，也为下一步华侨华人参与国家的政治生活，打下了良好的社会传媒基础。

在此基础上，新移民的参政意识也有一定程度的提升，并取得了从零到有的突破。越来越多的海外华人逐渐意识到，参政是华人融入主流社会的必经阶段，也是维护华人合法权益、表达华人社区诉求的重要方式。参加地方议员竞选是意大利华人参政的主要方式。1997年底，由政府提名，意大利华人季忠海成为弗利市议员的候选人并成功当选，成为该市的常务外籍议员。2006年，来自温州年仅21岁的刘成，当选为意大利安科纳市议员，并因此在当地创造了两项纪录：意大利最年轻的华人议员、安科纳市历史上首位华人议员[1]。据意大利侨网报道，2013年5月底，当意大利各地方政府市长的选举角逐接近尾声时，以绝对多数选票占优势的意大利西海岸的萨尔扎娜（Sarzana）市市长竞选人Alessio Cavarra先生于5月22日携其竞选团队及现市政府主要官员专程拜望了当地主要华人企业家，感谢当地华人对竞选工作的支持及为当地政府所做的贡献，并进一步与华人联络

---

[1]李明欢：《欧洲华人社会剖析：人口、经济，地位与分化》，《世界民族》2009年第5期。

中国语言文化在海外华侨华人社会中的传播研究——基于对意大利华侨华人社会的考察

The Research on the Function of Transmission of Chinese Language and Culture among Overseas Chinese
—Research of Overseas Chinese Community in Italy

感情[1]。对拥有逐渐上升的经济、社会地位，并开始有渠道阐释政治诉求的新华侨华人来说，他们的目的已不仅仅是生存，而是追求更完善的自身发展，我们可以看到，他们正不断加强主动适应能力，以参与投票、选举、关注社区建设、组建华人社会团体等多种方式，参与意大利公共事务并施展影响，这也标志着华人华侨向融入意大利社会迈出了关键的一步。

四、与（籍）国的联系更为密切

相较于在住在国出生的华裔新生代，新华侨华人大多长期在国内受教育，是改革开放政策的受益者。他们深受中华文化熏陶，有着强烈的故土情结，而且仍有很多亲属在国内，对祖（籍）国的感情非常深厚，与祖（籍）国的联系十分密切，并愿意以各种形式参与、促进住在国与我国的经贸、科技和文化交流与合作，促进自身事业的发展。如《欧华联合时报》的创办人廖宗林先生与很多在外华人一样，在国外的事业是从餐饮开始的，而他最终选择了文化产业，作为自己的终身追求。1997年，廖宗林创办了意大利第一份中文报纸《欧华时报》，后更名为《欧华联合时报》，现今，《欧华联合时报》已发展成为全欧洲第二大中文报。作为意大利罗马华侨华人联合总会会长、温州市海外联谊会第二届常务理事的廖宗林表示："新时期的海外侨领必须紧扣时代前进的脉搏，为所在国与祖国的经贸文化交流发挥更积极的作用，同时必须以创新的思维开展侨务工作，帮助、指导侨胞在工作和生活中克服各种各样的困难。"在廖宗林的积极推动下，《欧华时报》与中央电视台、新华社、温州日报报业集团等进行业务合作。2000年，《欧华时报》率先与温州日报报业集团的合作还被誉为海外华文媒体与侨乡主流媒体合作的典范。2003年，廖宗林回温州参加世界温州人大会还带来在罗马的40多位侨领，希望为温州的招商引资寻找机会。

---

[1]《意大利地方政府选举 华人作用获竞选各方重视》，搜狐新闻，2013年5月24日，http://news.sohu.com/20130524/n376960868.shtml。

第五节 意大利华人社区概况

我们参考了意大利劳动部、社会政策部联合公布的《2016主要外国团体国家：中国社会——关于在意大利的移民的年度报告》，并参照了意大利移民和公民中央局，少数民族权力机构，教育部，大学研究部，学生总局，卫生部卫生规划总局，精算统计总协调统计局，国家工业事故保险研究所，意大利商会，工业、手工业和农业联合会，兴业银行工会，意大利联盟工人工会等部门的数据——这些数据来源于意大利Lavoro通信公司（现在的AnpalServizi），该公司对2012—2016年的国际劳工流动做了大数据统计——发现了意大利华人社区的一些特点：

人口比例：

意大利华人的性别比例平衡[①]：定期在意大利居住的333986名中国公民中，男性占50.6%，女性占49.4%。平均年龄略低于所有登记的非欧盟公民：2016年，受审查人口的平均年龄为30岁，而意大利整个非欧盟人口平均年龄为32岁。

在意大利北部地区分布最为明显的地区，中国公民人数最多的三个最大的地区中有两个是属于伦巴第大区，占总人数的22.3%，而威尼托占12.7%。在托斯卡纳定居的华侨华人也有很大的比例，占总数的21.3%，佛罗伦萨和普拉托省人口密集，共占定居在意大利的中国公民的18.6%。经常居住在普拉托的39000多名中国公民占全省非欧盟公民的三分之二。

华人劳动力集中分布在商业和餐饮业中，从业人员占总人口的62%。在工业方面，从事非施工工作的华人劳工占总人口的27%。

强大的企业精神：

按一般数目计算，华侨华人企业是意大利第三大非欧盟共同体。截至2015年12月31日，在意大利华侨华人企业家数量为49048人，约占意大利境内非欧盟企业家的14%。与上年相比，中国个体企业数量增长4.3%。

[①]男女比例失调是中国进入19世纪以后所面临的一个严峻的人口问题，到20世纪80年代后有所缓解。

中国语言文化在海外华侨华人社会中的传播研究——基于对意大利华侨华人社会的考察

The Research on the Function of Transmission of Chinese Language and Culture among Overseas Chinese
—Research of Overseas Chinese Community in Italy

在中国团体中，双方伴侣均来自海外的婚姻类型数量是最多的：2014年，这个社区的515对伴侣中，47%属于这种情况。

2016年的统计数据中，尽管只有46.3%的中国公民持有长期的欧盟居留证（比非欧盟公民的平均水平低13%），但这种情况近年来却在逐渐好转：中国公民持有长期许可证的数量在2012年至2016年上升了7%。

对于持有可更新的居留许可证的中国公民来说，在意大利工作（而不是家庭团聚）是其主要原因，因为工作原因申请的居留许可证高达60.2%，而因为家庭原因申请居留许可证的只占31.2%（非欧盟公民因为家庭原因申请居留许可证的比例则为41.5%）。

因为学习原因移民的华人比例有所提升，获得居留许可证的比例占总获得居留许可证人数的7.7%，而所有非欧盟公民占比为3.2%。因为学习原因居住在意大利的非欧盟公民中，超过27%是中国公民。

一、华人社区的工作和就业条件

虽然中国团体在意大利形成的时间较短，但在工作场所取得了长足的进步，在经济的战略部门也建立起了自己的地位。商业是华人社区最主要的经济方式，占劳工总人数的40%以上（非欧盟劳工相关比例为10.2%）。其他行业对华人员工也很重要，从业人数占总数的27%（非欧盟公民相关比例为18.5%）。

总的来说，71%的中国社区劳动力在第三产业工作，而在初级部门的华人劳工不到2%。在意大利，华人在劳动力市场上具有优势地位，主要指标如下：

15岁至64岁的华人就业率为73.1%。这一比例明显高于非欧盟公民（56.9%）。

在非欧盟团体中，华人也是失业率最低的社团，失业比例为3.7%，而非欧盟公民的平均水平为16.7%。至2014年，这个团体的失业率还在进一步下降。

2014年获得INPS失业救济金的华侨华人人数极少，为1380人，仅占总数的0.3%。不过有1134名华人劳工获得农业失业救济金。

关于INPS授予的工资补贴，华人受助人数为872人，仅为非欧盟受益人的1.3%，相较于华人劳动力占据在意非欧盟劳动力的4.3%来说，需要补贴救助的人数明显较少。

在意大利居民人数方面，华侨华人是第三大非欧盟团体，具有较高的创业倾向。个体企业业主排在第二位。华人的个体企业中拥有很多妇女，约占46%，这使得女性企业家数量也位居前列。华人企业投资最多的三个行业与大多数华人员工的就业行业基本相同：商业、制造业和酒店业。在这一领域，华人领导的6000多家个人企业占非欧盟企业经营业务的近三分之一。在2014年期间，这一领域为中国公民建立了120184个新的就业岗位，比上年减少1924个。农业下降最为显著（为-9.4%，而非欧盟所有工人相关比例为12.1%），这还不包括建筑业（为-5.2%，非欧盟工人相关比例为5.5%）。在服务业中（52%），华人在2015年开始的新"下属"（经济依赖型就业工作）和"偶然"（也称为经济依赖型个体经营工作）工作中，有一半以上的工作在服务业。工业是2015年新增就业人数的第二大行业，占华人招聘人数的45.3%。本年度团体成员终止的劳动合同数总计为110768份。所雇用的人员与合同终止的员工达到9416人，这两项指标与非欧盟的总比例基本达到了平衡。

而华人劳工的受教育水平略低于在意大利整体非欧盟工人的水平，近五分之一的工作人员中最高的只具有初级教育资格学历证书（非欧盟公民该比例为11%）。中国社会的少数工人仅拥有高中毕业资格，大约占14%（只有3%的工人具有更高的学历），相比于非欧盟工人，平均值下降了33%。华人劳工中最常见的是拥有低中学历证书的人，占社会劳动者的三分之二（相比之下，非欧盟工人的比例为42%）。

另一方面，一般华裔雇员的月收入高于非欧盟公民的平均收入。相较于39%的非欧盟员工，仅29%的员工每月工资低于800欧元，每月收入超过1600欧元的华裔雇员所占百分比为5%，超过平均值（非欧盟员工该比例为3.3%）。与40%的非欧盟员工相比，一半的华裔雇员月收入在800欧元到1000欧元之间。

在2015年，从意大利流向中国的资金总额达到5.57亿欧元，为总汇款额的13.4%，中国成为意大利最大的汇款流向国，相较前一年回流到原产国的2.618亿欧元，资金总额仍大幅上升，原因在于华人平均收入水平较高。

在寻求社会救助措施的同时，华人社会的各种形式家庭福利的受益人所占的比例很小。这可能是由于该社会近期的迁移历史和稳定过程，以及仍在婴儿时期的家庭的创建和统一。在2015年，有6519名华人获得了家庭津贴，占所有非欧盟

中国语言文化在海外华侨华人社会中的传播研究——基于对意大利华侨华人社会的考察

The Research on the Function of Transmission of Chinese Language and Culture among Overseas Chinese
—Research of Overseas Chinese Community in Italy

公民的家庭津贴的2%。

2015年，华人中有1683名中国公民获得了生育津贴，占非欧盟国家的5.8%。至于产假，华侨华人受益人在2015年总数达到396人，占非欧盟公民的2.4%。

2015年，华人获得社保局社会援助福利（仅惠及社会中已达到退休年龄或老弱病残的弱势群体）的人数达到1233人，占非欧盟公民养老金福利的2.1%。其中超过一半是社会津贴，大约三分之一是出勤津贴，剩下的16%是固定照顾补充津贴。

有迹象表明，华人在融合意大利方面仍有困难：在与意大利公民的婚姻问题上，2014年有华人登记的跨国婚姻只有272例，占总数的2.3%。其中的83%为意大利男人娶了华人女性，剩下的17%则是意大利女人嫁给了华人男性。

尽管在2010年至2015年期间，华人申请入意大利籍的数量增长了151%，但由于其近期的移民历史，华人中仍然很少有人获得公民身份。2015年，华人获得意大利国籍的公民总数为1896人，只有1.2%的非欧盟公民获得了意大利国籍。虽然常住意大利的华人数量在非欧盟公民中排在第3位，但通过申请的公民数量却排在第14位。

与非欧盟国家的平均水平相比，华人的银行存款率较低：持有活期账户的成年华人的比例为63.3%（比2014年同期增长8%）。其中32%的现金账户已经开户超过5年（银行稳定指数），比非欧盟国家平均水平（39%）低7%。华人女性持有的活期账户的数量低于全国平均水平，为32%，而所有非欧盟公民拥有活期账户的女性比例是45%。

二、华人社区中未成年人及其教育路径

在意大利的未成年华人共86563人，占非欧盟未成年人的9.1%。2016年，他们的增长率为1.4%，比社会整体增长率高了0.9%。

未成年华人在意大利学校读书的人数低于平均水平：只有52.4%的未成年华人在意大利学校读书，而非欧盟公民的平均数为65%。2015／2016学年共有45336名华人学生在意大利学校读书，占非欧盟学校人数的7.3%。大多数华人学生为小

学生和中学生，分别占整个华人学生群体的38.2%和24%。其中有18%是高中毕业生（非欧盟学生相应比例为22.6%），而19.7%的学生是小学生。

华人学生在大学生中占很大比例：有7421名华人大学生，占非欧盟大学人口的13%。这个团体在意大利大学入学人数中排名第二，从2015年的7176人增至7421人，上升了7.4%。

共有5114名15岁至29岁的华人青少年既不工作也不学习（NEET）。15岁至29岁的华人NEET的百分比是非欧盟主要社区中最低的，占19.8%，平均值为36.1%。与2015年相比，华人NEET人数下降了1693人，下降比例为25%。

在移民到意大利的华人青少年中，开展华文教育是必要的。华文教育是发生和发展于华人社会所在国的民族语言文化教育，具有中华民族文化语言和所在国多元文化的教育。意大利的华文教育起步较晚，底子薄弱，近年来却发展迅猛。在20世纪70年代末80年代初意大利成为海外华人新移民聚居地之一后，伴随着90年代末新移民子女在意大利出生以及跟随父母移居意大利的新移民子女的到来，华人子女的华文教育问题慢慢凸显了出来。这些年，意大利的华人青少年接受华文教育有所发展，一开始很多华侨家庭需要通过侨领做工作动员其孩子上华文学校，但如今中国已成为继美国之后的全球第二大经济体，经济发展继续保持良好发展势头，综合国力继续增强，而欧债危机的阴云却仍未在欧洲大陆消散，广大身处意大利的华侨华人已逐渐意识到回国将会是今后自己或子女的一个重要的发展选择。因此，引导自己的子女学好中文，接受中国传统文化的熏陶已经成为意大利华侨日常生活的重要任务。现在很多华侨家庭对子女的中文学习重视了很多，而且比以往任何时候都重视学习的质量。可以说，华文教育在意大利各个有华人居住的城市都受到了一定程度的重视。意大利的华文教育以各种形式生存发展，学校类型基本分为下午制、周末制和全日制三种，涵盖了从幼儿到高中等不同程度的课程，以教授中文为主，部分学校还开设了意大利语、书法、舞蹈、武术等课程。基本上，大多数的意大利中文学校教学相对不规范，师资力量缺乏，这些学校大部分都是在周末开班，多为"填鸭式"教学。较正规的华文学校有30多所，其中罗马、米兰等大城市最多，一些华文学校的规模甚至已经突破1000人，如普拉托华人华侨联谊会中文学校。随着当地华人移民社团经济地位的改善与提升，近年来许多意大利华文学校已走出初级创业阶段，目前正着力进一步提

中国语言文化在海外华侨华人社会中的传播研究——基于对意大利华侨华人社会的考察

The Research on the Function of Transmission of Chinese Language and Culture among Overseas Chinese
—Research of Overseas Chinese Community in Italy

升品质。其中，发展较好的意大利普拉托华人华侨联谊会中文学校、意大利米兰华侨中文学校、意大利基督教罗马中文学校、意大利佛罗伦萨中文学校、意大利米兰第一中文学校、意大利金龙学校、意大利罗马中华语言学校、米兰龙甲中文学校已先后被国务院侨务办公室评为海外"华文教育示范学校"。

意大利华裔青少年是意大利华文教育的主体。社会学家把意大利华侨华人第二代分成四种：真正的第二代，是那些出生在意大利的中国孩子；被称为第一点七五代的，是那些来意大利时还是学龄前儿童的；第一点五代是在意大利接受了义务教育的；第一点二五代来意大利时已经到了青春期后半段。通常，孩子来意大利时年龄越小，融入主流社会程度更高，但中文程度则相对较弱。生活的现实使家长和孩子都没有选择的余地。一般来讲，目前在意大利各地中文学校学习的孩子，大都出生在意大利或在中国出生后不久就随父母来到意大利，他们的意大利语几乎接近意大利同龄孩子的水平，但学中文则是从"零"起步。

随着中国经济的飞速发展和国力的提升，越来越多的华裔青少年意识到学习中文的重要性，逐渐从被动学习中文向主动学习中文、努力学好中文转变。部分学生还认为，学好中文还有利于帮助父母经商，让父母与意大利人的沟通也能更加顺畅。

意大利华文教育发展出现了新的态势：华侨、华社支持华文教育的热情不断升高，华文教育的分布地域更为广阔，意大利的华文教育更多地得到了当地各级政府及主流教育部门的理解、宽容，多元文化主义对华文教育正产生积极影响。

三、意大利华人社区当前的趋势

在中国大陆，改革开放以来的出国移民通常被称为新移民。在中国新移民潮中，东南亚并非移民的首选目的地。从改革开放初期到20世纪90年代中期，发达国家是中国新移民的主要目标。随着20世纪90年代中期以后发达国家对外国移民日趋严厉的限制和中国与发展中国家经贸关系的飞速发展，越来越多的中国商人前往发展中国家寻求商机，并定居于当地。这些新移民，其出国动机、教育程度、经济能力、职业结构和定居状况和老移民有较大不同，他们具有学历高、有一定的经济能力、流动性大和来自全国各地等特点。大陆新移民中，有相当大比例是高学历者，本身就是社会精英或潜在精英。来自中国港台地区的新移民大部分也具有高学历。他们移民的动机并非谋生存，而是求发展。依出国目的、途径和职业结构，中国大陆新移民大体可分为四种类型：一是留学生；二是非熟练劳动力，他们主要以亲属团聚理由申请定居身份，少部分人则选择非法途径前往海外定居；三是商务移民，包括投资移民、驻外商务人员和各类商贩；四是少部分留居当地的劳务输出人员。

在意新移民经历了多年不间断的增长，如今正在发生一些变化：对于许多非欧盟移民来说，定期居住、为获得意大利公民身份的人数有所下降。这种结果由以下几个因素导致：新来人数的下降，离开意大利的非欧盟公民人数不断增加，以及获得意大利公民身份的公民人数的增加。

自2010年以来，新移民的华人人数从49780人降至15084人，以及获得意大利公民身份的华人人数在不断增加（2015年中国籍意大利公民的人数为1896人，比2014年增加了32%），而且18岁以上参与选举的华人公民人数也有所增加。

中国语言文化在海外华侨华人社会中的传播研究——基于对意大利华侨华人社会的考察
The Research on the Function of Transmission of Chinese Language and Culture among Overseas Chinese
—Research of Overseas Chinese Community in Italy

第三章
意大利华文学校在中国语言文化传播中的作用

新世纪以来，随着中国经济的稳步发展和国际地位的不断提升，欧洲各国纷纷刮起了"中国风""汉语热"，不少国家已将华文作为报考大学的外语之一。华文学校不仅在华侨、华人的主要聚居地迅速发展，在华侨、华人不太多的一些地区也快速铺开，这就为作为教育与文化载体的华文学校发挥中华文化传播者的作用提供了时代背景与社会机遇。随着"一带一路"倡议的启动实施，中国企业在"走出去"方面已由尝试和积累的初级阶段迈向了全面加速推进的发展成熟期。这将给懂中文、了解中华文化的外国民众特别是年轻人提供更多发展机会。

20世纪90年代起，移民海外已成为一股潮流。意大利凭借其优越的地理位置以及完善的社会福利制度，再加上意大利本国劳动人口相对匮乏，吸引了包括华人在内的大量移民。意大利统计局ISTAT发布的资料显示：截至2015年1月1日，意大利共有5014437名移民，其中有合法身份的中国移民数量为265820人，占据移民人口总和的5.3%。对中国移民在意大利居住地的调查统计结果显示，以米兰为首府的伦巴第大区有62953名具有身份登记的中国移民人口，占生活在意大利的中国人口数量总和的23.7%，其数量远远超过意大利其他大区。[①]

随着华人新移民的大量迁入，华人二代的教育问题尤其是海外华人青少年的语言教育问题日益突出。海外华人青少年面对的是较为特殊的生活和学习环境，双语现象已经成为海外二代移民群体中的普遍现象，如何在这种环境下有效学习汉语，成为摆在华人移民家庭面前的一道难题。

---

①李宝贵、姜晓真：《意大利华人青少年汉语语言态度及语言使用情况调查研究——以米兰ZAPPA高中为例》，《云南师范大学学报》2017年第1期。

第一节 意大利华文学校概况

意大利华文学校是伴随着20世纪90年代移民潮的出现而形成的，随着中国移民的增多，让更多华人子女接受母语教育日益成为华人社会的共识。1986年，意大利建立了第一所华文学校——米兰华文学校，它是今日米兰第一中文学校的前身。华文学校多由华人社团或个人出资创办，如意大利规模最大的华文学校普拉托华侨华人联合会中文学校是由当地侨团出资购置教学用地、聘请管理与教学人员来运行的侨社学校，中华语言学校则是由个人出资创办、创办人担任校长的学校。据不完全统计，目前意大利有华文学校近200多所，绝大部分学校由个人创办，创办人担任校长。

意大利华文教育因其在教育环境、教育对象、教师构成等方面的复杂性，到目前为止，还没有哪套教材得到大家的一致认可。相对而言，暨南大学文学院编写的《中文》受到较多华文教师的欢迎，占47%的华文教师选择了《中文》作为教材。我们还发现，部分学校已根据自己学校的实际情况，有目的、有意识地开发出了自编教材。学校自编教材的开发，一方面体现了华文教师较高的教育教学专业水准，另一方面也说明了现行华文教材的适宜性有待加强。

从教师构成方面来看，意大利华文学校教师的主要来源为各华校所在地的华人、华侨，还有部分从国内来意进修的专业教师和志愿者。不同的华文学校，其教师来源也不同，示范性华文学校的师资基本来源于国侨办外派教师、国内对口单位外派教师和志愿者，这类教师素质整体水平高，业务能力强，但任期较短，多为9个月到12个月。非示范性华文学校主要依靠自己招聘教师，而教师的工资费用由学校自己承担。

从课程设置来看，华文学校的课程设置主要是依据学生的学习需求来设定的，如学生对某种课程具有强烈的需求，华文学校一般会设立该课程，反之，则不开设。华文学校除了常规的中文课程之外，开设的其他课程具有明显的市场效应，奥数、珠算、口算、外语、游泳、篮球、爵士鼓、书法、油画等课程都会出现在华文学校的课程单里。订单式的课程已逐渐成为中文学校课程的主流趋势，显然这种以需求为导向的课程设置体现出华文学校扎根于华人社会、服务于华人社会的办学宗旨。

中国语言文化在海外华侨华人社会中的传播研究——基于对意大利华侨华人社会的考察

The Research on the Function of Transmission of Chinese Language and Culture among Overseas Chinese
—Research of Overseas Chinese Community in Italy

  课程在学校教育教学中处于核心地位，教育目的、教育理念、教育内容以及教育的功能与价值都要通过课程来体现。由于华文教育到目前为止还没有统一的课程标准，因此学校与教师切合实际的先进教育理念就显得尤为重要。意大利华文教师大都能接受当地先进的教育理念，并结合自身的实际进行教学，主要体现为：一是改变了满堂灌的教学方式，在实际的教育教学中，大部分华文教师都会有意识、有目的地让学生参与到教学中来，大部分的华文教师在教学过程中给学生讨论与交流的时间占上课时间的30%以上。二是师生互动、生生互动较强，为了激发学员的学习兴趣，让他们积极主动地参与到学习中，华文教师能根据学生的具体情况设计丰富多彩的教学内容。

  从教材角度看，教材是教师教学与学生学习的基本依据之一，是教育教学的根本。华文学校的教材大多由我国国务院侨务办公室根据学校需要提供，不少华校选择了暨南大学编写的《中文》教材，也有部分华文学校根据学校自身的特点，由校长联系国内朋友帮忙购买人教版或其他版本的教材，还有少数华文学校自己开发校本教材。目前，学校在选用教材时，一般会征求教师的意见，综合教师意见再选择一到两种教材，但由于华文学校的生源非常复杂，年龄、学习背景、家庭环境不一而同，加上目前可供海外中文学校选择的教材有限，针对性教材的不足，导致学校尽管在华文教材的选择上做出了很大的努力，但选出的教材还是很难让所有教师都感到满意。[①]

  编写华文教材，如果断掉与目的语言国文化的联系，有如"断奶"文化，语言国文化的缺乏已成为华文教育发展的一大障碍。面对这种情况，海外华文学校必须加强与国内华文教材出版社的合作，加大对华文教材的研究力度，共同开发出具有本土性、系统性、科学性和针对性的教材。

  语言植根于文化，与母体脱节的语言教材起不到最好的教育作用。同时，华文教材的编写也应与当地的教育水平、教学环境、学生学习情况紧密结合，尽量做到教材的"本土化"。教材只有与当地实际情况结合，实现本土化，才能更充

---

①严晓鹏、包含丽、郑婷：《意大利华文教育研究——以旅意温州人创办的华文学校为例》，浙江大学出版社2015年版，第167-169页。

分地调动学生学习的积极性，熟悉的民族故事和人名地名能更好地吸引学生，让他们乐于接受。因此在编写教材时，所在国的华文教育作者应与国内教育机构联手，积极吸纳国内专家关于编写教材的理论，并且密切联系国内的发展现状，把政治、经济、文化上的变化融入教材，将"本土化"和"专业化"结合起来，使孩子们在学习汉语的同时，更能了解中国。除教材外，基于现代教育技术和网络平台的语言、文化教学资源的开发，华文学校还可以依靠多媒体技术，与国内教育机构共享更多的教学资源，搜集优秀教案、课件及教学用音频、视频等，提高教学水平，满足华文教学的需要。

从华文学校的教学时间来看，意大利华文教育主要分为周末制、下午制、全日制三种形式。华文学校的教学时间一般安排在周末，即便一些全日制的华文学校，其教学时间也是在当地社会学校下课放学之后。华文学校对教学时间的灵活安排，针对了华人孩子发展的需求，使他们既能较好地接受所在国的教育，又能不忘"根"地学习中国文化，提升自己的综合素质。周末上课的华文学校占多数，但随着近几年华文教育需求的增长，教育形式日趋多样化，很多华文学校开设了周一至周五的下午班，如米兰、普拉托等华人聚集区的学校已经开始开设周一至周五的全日制教学班级。米兰华侨中文学校主要上课时间为周六的早上九点至下午四点，同时周一至周五也会开设下午班。也有一些中文学校与当地意大利高中或中学联合办学，利用意大利学校放学较早的机会，下午举办汉语班，采用见缝插针式的教学模式。[①]

华文教育教学质量评估：从对外汉语教学大纲发展到汉语国际教育大纲，说明汉语国际教育已经建立了比较完整的教学大纲体系，实现了质的转变。但把国际教育中对外汉语的教学大纲用于对华侨华人子弟的华语教学并不合适。[②]华文教育到目前为止，尚未建立起统一的、作为教学标准的教学大纲。缺乏统一的教学大纲与标准，意味着华文教育目前还缺乏一定的教育质量评估体系。

---

① 金志刚、李博文、李宝贵：《意大利华文教育的现状、问题与对策》，《辽宁师范大学学报（社会科学版）》2017年第5期，第105页。
② 贾益民：《海外华文教育质量保障体系建设》，《世界华文教学》第1期，第3—11页。

中国语言文化在海外华侨华人社会中的传播研究——基于对意大利华侨华人社会的考察
The Research on the Function of Transmission of Chinese Language and Culture among Overseas Chinese
—Research of Overseas Chinese Community in Italy

第二节 中国语言文化在意大利华校中的传播现状

当前，华语传播的推动者的广泛性超过了历史上任何一个时期。推动者中，有官方的政府部门或组织，也有民间的社团或机构；有规模庞大的正规名牌大学，也有普通的各级各类民办学校甚至是家庭补习班；有作为大本营的中国大陆的志愿者，也有海峡对岸方方面面的投入和帮助。从政府方面看，有祖语国政府，也有非祖语国政府；有华语为官方语言的国家政府，也有华语为非官方语言的国家政府。①

作为中国语言文化传播最主要的渠道——意大利华文学校，起步时间较晚，但近十年来发展迅速。华校数量急剧增长，学生人数不断上升，华文教育市场进一步拓展。尤其在欧债危机的背景下，"汉语热"与"全球化"成为了华文学校发展的催化剂，这使得意大利华文教育出现了基础差、底子薄、供应能力弱与需求旺盛之间的矛盾，这一矛盾的化解过程，也是中国文化在意大利华校得到有效传播解决方式的过程。课题组在还原、分析新时期欧洲华文教育整体面貌与基本矛盾的基础上，提出了如何加强发展华文学校以达到更好促进中华语言文化传播的对策。

一、华校开展中国文化传播的内容

顾名思义，华文学校是为了让海外华裔传承中华民族优秀文化传统进行的以中国语言文化为主要教学内容的学校。华文教育是广大华侨华人学习民族语言、传承民族文化、保持民族特性的根本手段。中国语言、中国传统文化、中国国情和历史、中国的现代化发展包括目前中国义务教育阶段教授的数学、英语、科学等科目都是华校开展文化传播的主要内容。

当然，我们也要看到，不同于以往的教学对象，意大利的华侨华人中接受华文教育者80%出生于意大利，成长于意大利，仅20%在6—9岁曾经回中国接受义务教育。传播对象的结构变化，致使华校开展的华文教育已或多或少演化成第二语言教学。

---

① 郭熙：《华语传播和传承：现状和困境》，《世界华文教育》2016年第3期，第38—41页。

华文教育的教学内容是由教学目的所决定的，教学目的不同，教材的编写或选择就会不同，课堂教学的方法及其侧重点也会不同。在小学、初中阶段的华文教育，要求学生能够基本掌握大纲规定的内容，具备与之相适应的听、说、读、写的汉语交际能力。作为基础阶段的华文教育，其教学内容的范围还是有共同的、基本性要求的。对这一群体而言，除了掌握汉语语言的基础知识，例如言语要素、言语技能、言语交际技能之外，更要注重他们对于中国文化知识的掌握。

华文学校中开展的语言教学归根到底是一种文化教学与文化传承，这跟人们常说的"学语言即学文化"是一个道理。文化知识指的是语言系统中的文化因素、基本国情和文化背景知识等。

语言系统中的文化因素主要是指具有很深文化积淀的词语或习惯用法等。

基本国情主要是指所学语言国家的基本概况。语言教学的研究结果表明，要学好一种语言，只是掌握了语义、语法、词汇要素肯定是不够的，即使了解了语言系统中的文化因素，言语交际技能和言语交际能力也还是不完备的，它还需要所学语言的基本国情知识的支撑。

所谓文化背景知识是指影响交际双方理解的语境，以及隐藏在语境背后的深层次的文化知识。这种文化背景知识在理解的层面上具有十分重要的地位。

二、推广途径

意大利华文学校承担了中国语言文化传播的主要教学任务，中国语言文化在海外的推广主要依靠华文学校，推广形式归纳起来有以下几种：

（一）学校内部组织的各类活动

开办华文学校是最基本的、最常见的、最直接的，也是最主要的华文教学传播形式，它有利于华裔青少年快速地掌握汉语，同时也为他们创建了一个专门说汉语的环境。

第二课堂活动是在汉语授课课堂之外，由学校组织领导的用以补充课堂教学、实现教学目标的一种教学活动。[1]佛罗伦萨中文学校自创办以来，秉持寓教于

---

①杨洁：《美国芝加哥大学对外汉语教学"第二课堂"考察与思考——基于跨文化交际目标》，《湖南师范大学教育科学学报》2013年第2期，第118页。

中国语言文化在海外华侨华人社会中的传播研究——基于对意大利华侨华人社会的考察

The Research on the Function of Transmission of Chinese Language and Culture among Overseas Chinese
—Research of Overseas Chinese Community in Italy

乐，以快乐教学法为教学主要方式的教学理念，积极参加各式各样的社会活动：参加当地"狂欢节"活动；每年参加当地政府安排的多元文化演出活动；多次参加大区、省、市政府组织的文艺表演活动。罗马中华语言学校为展示中国新一代华裔形象，每年举办"六一儿童节游园活动""迎春晚会"等社会活动。

（二）学校对外组织活动

华校组织中小学生参加"夏令营""中华文化大乐园""中华知识文化竞赛"等国侨办组织的中国文化学习与体验活动。

意大利华文学校立足本身，通过与国内教育机构联合举办各种形式的活动，形成意大利华语教学的品牌和社会效应，同时，利用当地的有效资源，通过宣传、介绍，为国内教育机构在国外打开知名度，并以此为国内教育机构与意大利其他民间组织的交流牵线搭桥，推动海内外华校和教育机构之间的合作国际化和多元化。温州大学与澳大利亚亚莫纳西大学就"意大利普拉托的中国人"这一课题合作开展研究，并已取得了丰硕的成果。

温州大学作为国务院侨办首批华文教育基地之一，以培养面向世界舞台的具有侨领气质的华裔青年为目标，每年招收优秀营员60名，通过举办海外华裔青少年"中国寻根之旅"夏令营活动，促进各国华裔青少年的对话交流，增进新一代华裔青少年对传统家乡文化的了解，传承中华传统文化。至今，温州大学已承办10多届海外华裔青少年"中国寻根之旅"夏令营活动，先后招收营员数千名，多次获得省、市级侨务部门颁发的"优秀华文教育基地"荣誉。

（三）华文学校与国内建立网络课堂

如果说以前华文教育的推进主要靠学校教育，那么全球化课堂的加入，则使华文教育变得立体化、全球化。例如信息科技方面的华文网页、华文搜寻网站、电视媒体方面的全球华文频道以及大量出现的华文报刊，都为华文学习创造了良好的大环境，如今，全国200多个城市建立了分校，成立了上万个校区，培训的学生达千万人。

作为最早一批做在线教育的企业——北京四中网校，至今已有16年的创办历史。2016年，随着参加培训的单位及人数的不断增长，传统的点对点的网络直播形式已经不能满足全球华文教育工作者的需要。在这种情况下，北京四中网校在已有的培训模式基础上整合创新，形成了"一点对全球直播 + 一点对一点专属课程+高清点播课+网络答疑"的培训体系，使"学中文"变得更加便利。①2018年1月13日—14日，由中国华文教育基金会主办、北京四中网校承办的"华文教师完美远程培训"迎来西班牙马拉加中文学校和西班牙马德里哆来咪艺术文化学校两所华文学校开课。中国华文教育基金会"华文教师完美远程培训"项目自2006年开展至今，已为来自全球五大洲35个国家的1101所华校定制了培训课程。②

中华文化实景课堂是中国华文教育基金会开展远程教育的升级模式，它倡导的是最新的场景体验式教学模式，内容为将80多个城市、300多个世界自然历史文化遗产实时呈现在课堂之中，令学生足不出户即可走遍中国文化发源地。多地互动式课堂支持150万学生同时在线听课。③2018年5月6日，由中国华文教育基金会主办的中华文化实景课堂在意大利贝加莫华人中文学校开课，本期课程主题是"四川大熊猫栖息地"。这是一堂别开生面的课，没有传统的教授方法，而是让身在海外的同学们通过电脑多媒体，跟随外景老师，更加立体、多方位地感受中华文化，更加高效地学习知识。④

正是在这种华文华语"全方位"发展的背景下，我们寄望全球华人能在信息产业革命和全球化的冲击下，利用计算机信息、媒体和互联网技术，建立一个以全球华人的语言、文化和经济为中心的媒体和网络世界，从而凝聚和重整全球华人的总力量。

（四）由华文学校主办或承办各类教学协会、论坛、学术会议，创造海外传播中国文化的学术气氛

随着我国综合国力的不断提高，许多意大利青少年开始热衷于学习华文。基于这种情况，意大利政府开设各种华文课程，华文学校主办或承办各种教学协会、论坛、学术会议；各种教育机构以及各地的华文媒体、出版商、信息商等通

---

①孙任鹏：《北京四中网校校长黄向伟：做中文传播的"网上使者"》，人民网，2017年10月9日，http://media.people.com.cn/n1/2017/1009/c40606-29574960.html。
②《华文教师完美远程培训，喜迎西班牙两所新华校加入》，华文教师远程培训网，2018年1月16日，https://mp.weixin.qq.com/s/RuITCbGcwBSE-3P1gVYzjg。
③《初探华文教育前沿教学手段——中华文化实景课堂》，开元网，2018年3月2日，http://www.kaiyuan.info/forum.php?mod=viewthread&tid=1122923&from=portal。
④《初探华文前沿教学手段 中华文化实景课堂在我校开课》，华人中文网，2018年5月9日，https://mp.weixin.qq.com/s/V2_jxnDEeBh7Erpvz8-Prg。

中国语言文化在海外华侨华人社会中的传播研究——基于对意大利华侨华人社会的考察

The Research on the Function of Transmission of Chinese Language and Culture among Overseas Chinese
—Research of Overseas Chinese Community in Italy

过多渠道发展，发挥各自的优势，做到维护与辐射互补、高校和中小学互补、各地互补、各行互补。这是华文教育的新情况，也是华文教育未来的发展趋势。[①]2017年4月26日至5月6日，浙江省杭州文澜中学书记王亚权先生率老师8人、学生28人组成艺术团，前往佛罗伦萨参加由国际COSPE协会、佛罗伦萨中文学校、佛罗伦萨市保罗茨落学校、岗比市圣托利诺学校、塞斯托市Calamandrei学校等托斯卡纳大区联盟学校组织的有关活动。4月27日上午，该艺术团为加强中意文化教育合作，艺术团在佛罗伦萨市政府官邸维奇奥宫殿参与演出。[②]

（五）华校与家长之间的密切联系，是处于主流社会语言和文化包围下的中国语言文化传播的最后堡垒

意大利华文学校都设有家委会，少部分学校设立家长学校，开展意大利政府提供的意大利语培训项目。在中国语言的海外推广中，家校的密切合作与联系，在一定程度上强化了中国文化的传播效果。

在意大利华校，学校开展的社会与文化活动都要听取家长的意见，学校提供给家长一份年度报告，学校的教学时间与对学生的纪律处分都要与家长达成一致。个别学校依照教育部制定的总标准进行自我评估。意大利教育部的指导方针指明，教师对儿童入学能力的初次评价在其整个学年的常规评价中都应被作为参照，这样教师设定的教学任务和据此确定的教法才能与学生的需要密切相符。此外，家长还会收到关于其子女在校表现的常规报告。

意大利的家长学校还起着筹措学校建设经费、互相学习意大利语、互相解决生活上的问题等作用。华文学校办学的主要经费源于学费，还有一部分来自华人社团和部分家长的鼎力资助，有些家长能提供学校活动场地，有些家长则能成为意大利语教师，义务帮助学生家长学习意大利语，尽快熟悉当地环境和生活。

家长学校的建立一方面能让家长参与到学校的管理当中来，为学校的发展出谋划策，从而提高华文学校在当地的影响力，促进华文教育的发展。另一方面，家长学校也为家长提供了一个交流、学习、分享经验的场所。在这个场所里，家长们形

---

① 严晓鹏、包含丽、郑婷：《意大利华文教育研究——以旅意温州人创办的华文学校为例》，浙江大学出版社2015年版，第189-192页。

② 《中意乐队奏出陶醉的音符》，意大利佛罗伦萨华校，2017年4月30日，http://mp.weixin.qq.com/s/70Qkemaxx5mPUyhEpG5AEg。

成的友谊能使他们在工作、生活中互相支持，互相帮扶，团结一致为华人社会、华文教育争取更大利益，推动中国语言文化更好的传播。意大利佛罗伦萨中文学校在每年度新生入学前学校会与家长签订教育协议书，共同督促、鞭策子女学习祖国母语，弘扬中华文化，形成良好的家、校关系，坚守处于主流社会语言和文化包围下的中国语言文化传播的最后堡垒。意大利罗马中华语言学校调研显示：家长对孩子的华文教育重视程度与学校是否有效开展中国语言文化传播呈正向关系。很多家长对华文教育的重视程度都很低，直接阻碍了学校的教育目标在家庭的实现。家长对于华文的教育态度直接影响学生的华文教育水平以及重视程度。学校与学生家长认真沟通，定期召开家长会，积极与各位家长联系，让家长参与到孩子的华文学习当中，逐渐形成良好的家校关系，扭转家长对华文的态度。

建立家长学校，既促进华人在当地的融入，也促进了中国语言文化更好地传播。已有社会学家指出，一种在主流社会语言和文化包围下的族裔语言，其最后的堡垒是家庭，汉语在海外的留存虽未至如此严峻的地步，但是家庭环境、家长的作用至关重要，尤其是作为业余教育的周末学校，其创办和维护都有赖于家长和社区的支持。在具体的教学实践中，实际已形成了一种家庭、社区与学校互补互动的教学模式。[①]同时，家长不仅可在课外活动中担任沟通传达的角色，发挥其联络功能，在教材与课程创新方面也可提供意见。此外，家长还可为学校的旅行、体育运动等活动提供筹集基金方面的支持。

家长们可以参与学校的自我检查与评价，其评价对于学校的生存和发展起着重要作用。意大利华人社区相对固定，大部分教师、校长、学生、家长住在同一区的较为常见，一所学校的好坏多取决于家长的口碑。意大利的华文学校都成立了家委会，家委会在华文学校中是非常普遍的机构设置，有些学校在校董会的设置中也要求必须有家长代表参加。很多的华文学校均开展不同级别的家长满意度调查，形成年度报告递交给学校的理事会。家长们对于中文学校的教学质量、办学成效都具有一定的发言权。意大利的中意华文学校相关人员曾表示，学校的生存与发展离不开高标准的教学质量，只有将"家长满意、学生满意、教师满意、

---

① 李嘉郁：《家长在华文教学中的角色与作用——对周末中文学校有关状况的思考》，《世界华文教育》2011年第4期，第58页。

中国语言文化在海外华侨华人社会中的传播研究——基于对意大利华侨华人社会的考察
The Research on the Function of Transmission of Chinese Language and Culture among Overseas Chinese
—Research of Overseas Chinese Community in Italy

居住国满意"四个满意标准列为学校的目标，才能促进教师和学校的发展。在开展各类活动之时，学校都会与家委会进行多次商讨，得到家长认可与支持后，方可举办各类活动。因此，华文学校进行开放办学，欢迎家长随堂听课，已经成为华人社区、华文学校和家委会的共识。①

三、传播方式

在日常教学和学校生活中，华裔青少年与华校教师自觉传承中国语言文化。海外"汉语热"作为中国综合国力和国际地位大幅攀升的具体反映，已经在一定程度上激发和强化了海外华侨华人的民族认同感，坚定了他们学好汉语、进而加深对中华文化了解的决心和信念。而华文教育是激发和培养华侨华人青少年民族意识的重要途径。如今，海外以华文学校为代表的华文教育和培训机构正迅速发展。主要表现为：

（一）华文教材推陈出新。国务院侨办先后编写《中文》《汉语》两套教材，《中国地理常识》《中国历史常识》《中国文化常识》等辅助性教材也一一面市，海外已发行200多万册。北京华文学院还启用了《海外华文教师培训教材》《汉语夏令营教材》，除此，《华文教学通讯》已编辑、出版70多期，并发往60多个国家和地区，每期发行量已达2600多份，受到海外华文学校和华文教师的普遍欢迎和充分肯定。

（二）华文教学与研究及师资培训蒸蒸日上。由北京归国华侨学生中等补习学校与侨务干部学校合并的北京华文学院组建以来，教学成绩斐然。如2000年，参考国家汉语水平考试（HSK）的62人中，就有98%以上获得《汉语水平考试》证书。师资培训作为华文教育的一个重要方面，近几年发展尤为迅速。国务院侨办已组织国内专家培训团到很多国家培训教师，同时邀请华文教师到国内进行汉语教学培训，选派国内教师前往国外华文学校任教。与此同时，华文研究也取得了进展。例如，暨南大学创办的华文教育专业，是中国大陆第一个华文教育方面的本科专业。它的设置，不但结束了长期以来中国大陆对外汉

---

① 聂海清：《海外汉语教师教学经验谈：办好中文学校有妙招》，《人民日报》（海外版），2008年9月16日，http://www.jyb.cn/world/zgsx/200809/t20080901_192130.html。

语教育仅停留在大专以下低水平的历史，也标志着中国的华文教育在面向海外方面上升到一个新台阶。

（三）内外互动，用多语多元文化的教育加深华裔对于民族和世界的认知，开展丰富多彩的中华文化体验活动，增进华裔青少年对中华文化的了解与认同。虽然华裔新生代基于血缘的原因，较容易对华文和中华文化产生本能的心理认同，但是这种朴素的认同并不足以构成学习华文的根本动力，因此，如何培养华裔下一代的民族意识，完善他们的精神寄托与身份认同，激发他们学习华文和中华文化的动机和兴趣，是华文教育实施过程中必须关注的问题。

针对以上问题，近年来，国内侨务、侨联等相关部门为华裔新生代提供"中国寻根之旅"夏令营、中华文化大乐园、中华文化大赛、世界华人少年作文比赛、中华才艺交流汇演等各种中华文化体验活动。这类夏令营的主要活动内容包括汉语课程与中国传统文化体验课程，旨在让华侨华人学生寻访祖先生活过的地方，去切身体会中华文化的魅力，由此在很大程度上消除华侨华人学生的民族虚无感和文化边缘人心态，帮助他们进一步了解、认同、归属中华优秀文化，使他们克服文化震荡症，顺利度过文化适应期，使海外华侨华人青少年认识到自己血管中涌动的是中华血脉，愿意传承和发扬历经数千年形成的中华文化，增强自身的文化认同感，激发他们学习汉语的兴趣。近5年来，参加国务院侨办组织的各类文化体验活动的华裔青少年超过40万人。

（四）形式多样社团活动，立体呈现了中国语言与文化，是最佳的中国文化传播方式之一。华文教育的促融价值在学校开展的社团活动中得到充分体现。华文学校不仅是学生学习中文的场所，也是中外友好交流的桥梁，它还应担负起促进华人融入当地社会的责任。应当促进华裔青少年融入当地社会，让接受华文教育的孩子更好地适应当地社会，从而获得更好的发展。

第三节 华校在中国语言文化传播中的作用

从德国的"歌德学院"、法国的"法语联盟"、西班牙的"塞万提斯学院"到中国的"孔子学院""台湾书院"，以及遍布在世界各个角落的华文学校、华文培训中心等等，都日益成为文化国际传播的媒介。对于广大的华侨华人而言，华文学

中国语言文化在海外华侨华人社会中的传播研究——基于对意大利华侨华人社会的考察

The Research on the Function of Transmission of Chinese Language and Culture among Overseas Chinese
—Research of Overseas Chinese Community in Italy

校是华侨华人社会的重要文化支柱。自20世纪80年代以来，随着中国政府对华文教育的重视和海外华人对华文教育需求的增加，华文教育事业进入了蓬勃发展时期，华文学校成为了中国语言文化传播的重要阵地。华文学校在传承汉语与文化方面，发挥了强大的作用，同时，它又成为向所在国的主流社会展示中华文化、传播中国正能量的桥梁。华文学校提供的是培养海外华人对中华文化的认同感及对祖籍国的亲和力教育，华校的创办维护及发展由华人社团承担。[1]在一些国家和地区，华文正逐渐成为当地主要外语，华文教育与主流教育接轨的条件逐渐成熟。[2]

有数据显示：2015年，中国选派近千名教师赴23个国家的260余所华文学校任教，人数和国家数均达历史峰值；培训华文教师1.5万名；向39个国家和地区发行各类华文教材400余万册。截至2015年，全球累计华文教育示范学校245所，贫困华校188所，华星书屋513个，华文教育组织19个。随着华文学校规模不断扩大，华文学校所承载的功能已经由单一的语言教育中心转变为传播中华文化、开展侨务工作的多元平台。[3]

一是在组织内部创造了中文学习的环境和氛围，围绕华文教育课程的授课内容开展课堂教育，进行组织内部的中华文化传播。华文学校一方面侧重于中华文化的传承，是国内教育团体在海外的延伸，为生长、生活在海外的华裔青少年提供类似于国内义务教育的华文教育，实现中华语言文化的传播与传承，为中国不断留存亲华的海外力量，另一方侧重于中华文化的传播，起到了语言培训中心的作用，为外国人提供中文培训，是多元文化在全球发展的实践。

二是华文学校从创办伊始，就成为建设中文社区的核心，是当地社区传播中华民族优秀文化不可缺少的部分，起到凝聚华侨华人、帮扶华人社区建设的纽带作用。在长期发展中，许多华文学校在当地社区拥有了一定的知名度，通过邀请当地社会成员参与华文学校开展的社会性活动或参与当地社会举行的社会性活动，实现了中华文化向海外社会的传播与推广，促使华文学校打开所在

---

[1]严晓鹏：《孔子学院与华文学校发展比较研究》，浙江大学出版社2014年版，第3页。

[2]《海外华文学校蓬勃发展 成传播中华文化开展侨务工作多元平台》，欧洲时报网，2016年3月31日，http://www.oushinet.com/qj/qjnews/20160331/226045.html。

[3]《华文学校成为传播中华文化开展侨务工作多元平台》，中国新闻网，2016年3月30日，http://news.hebei.com.cn/system/2016/03/30/016756467.shtml。

国家的社会格局，逐渐被纳入当地教育事业的轨道，成为当地民族文化教育的一部分。

三是华文学校作为教育领域的海外机构，促进了国际化教育交流。作为连接中外教育领域的桥梁和媒介，华文学校一方面主动与国内学校结对，推动海外华校发展；另一方面，海外华校凭借自身在海外教育领域积累的经验积极牵头，为国内教育机构的国际化发展搭建合作平台，促成国内教育文化走出去。

海外华文学校作为华文教育的重要载体，是华文教育的重要途径，华文学校规模的大小、管理的规范程度、教学质量的高低等直接关系到华文教育的推广程度与持续发展的可能性。

在当前华文教育在全球推广的形势下，应当针对不同的受众，开展形式多样的华文教育形式，丰富华文教育的教学载体，建立更多华文教育的平台和渠道。在华文学校自身转型完善的基础上，提升海外华文教育水平，开展更多的国际汉语教育教学活动，宣传我国优秀的文化理念与特色的文化形式，让华侨华人和外国人更深入更客观地了解中国传统文化。

四是通过广泛、多层次和形式多样的交流与合作，加强海内外华校和教育机构之间的交流，促进国内教育机构与海外华文学校在学校管理培训、课程设置、学术交流、校际互访、学生成长等方面，发挥海内外各自的教育资源优势，实现教学资源共享，使华文学校在世界各国兴办，并普遍拥有较好的社区交流基础，能较好地融入所在国社会。

五是广大华侨华人通过华校在海外树立正面的中国形象。海外尤其是西方民众通过接触当地报刊杂志和广播电视有关中国的报道而形成的对中国的认知并不全面和客观，他们对中国的了解不仅非常肤浅甚至十分滞后，华文学校在当地正确地传播中国语言文化，有利于树立一个正面的中国形象，让国际社会了解一个真实、客观的中国。华文学校从不同角度、不同层面，将中华文化的各构成要素与古老中国、现代中国与未来中国三者结合在一起，在未来将构建既有历史传承、又有现代感与亲和力的当代中国新形象。[1]

---

[1]郑通涛：《以"四个自信"为引领，推进汉语文化国际传播的创新发展》，《海外华文教育》2017年第4期，第725-735页。

中国语言文化在海外华侨华人社会中的传播研究——基于对意大利华侨华人社会的考察

The Research on the Function of Transmission of Chinese Language and Culture among Overseas Chinese
—Research of Overseas Chinese Community in Italy

六是华文学校开展的各种活动丰富语言教学，构成综合文化传播的平台，是文化外交的典型案例。华文学校传播的是中国的和谐价值观，"和为贵""和而不同""天人合一"的传统理念，通过华文教育方式，将中国的思想和精髓传播出去，让国际人民理解与领会，有助于中国政府对外政策的顺利实施。[①]

在众多华文学校中，位于佛罗伦萨市的佛罗伦萨中文学校具有较强的代表性。佛罗伦萨中文学校由温州籍华侨潘世立先生于2001年创办。作为中意文化交流协会的项目，佛罗伦萨中文学校长期与意大利COSPE合作；其独特、鲜明的办学模式被意大利教育部门纳入多元文化教育计划，一直受到各有关教育机构的重视，被誉为多元文化教育领域最注重教学质量的中意文化交流学校。[②]

第四节 华文学校推广中国语言与文化的困境

种种情况表明，海外华文教育正经历着前所未有的高潮，华文学校在中国语言文化传播中的作用日益凸显，与"汉语热"相得益彰，为促进中国语言和文化交流，弘扬中华民族优秀文化，塑造中国良好的国际形象并构建国家软实力做出了巨大的贡献。但华文学校作为具体的传播者、中国文化的承载者和传承者，在推广中也存在着一些亟待改进之处。

一、"华文热"的外热和内患

与全球"汉语热"一样，意大利的华文学校近年来开始受到主流社会的重视。一方面，受到意大利多元文化政策的影响，华文学校发展势头迅猛。第二方面，得益于国际化与"汉语热"的潮流，意大利主流社会需要接受华文学校发展的事实，将其与孔子学院并列作为意大利人了解中国和中国文化的重要途径。第三方面，得益于华侨华人社会对于中国、汉语的重新认识和前所未有的重视，华文呈现出族裔继承语和经济价值高的双重属性。越来越多的意大利人通过接受华

①付京香：《孔子学院的文化传播及其文化外交作用》，《现代传播》2013年第9期，第144页。
②严晓鹏、郭保林、潘玉进：《现状、问题及其对策——以意大利华文教育为例》，《八桂侨刊》2011年第1期，第40页。

文教育而得到了职业发展机会，广大的华裔在情感认同的同时也认识到了华语学习的实用性。以上三方面是外热的表现，而内患主要是指华文学校的内部治理还跟不上外热的需求，华文学习者的状态不能持久。

二、意大利的华文学校的公益性不被教育部门认可

从属性上来说，华文学校是教育部门不认可的非正规的学校，其具备学校的所有特点，但并不属于学位和学历教育，这也导致意大利人将之称为"语言培训机构"。这一尴尬的属性严重导致了学校在传播中国语言文化中出现的种种问题：第一，无法拥有合格的具有意大利教师资格证的师资，根据统计，华文学校中没有一位教师具有意大利教师资格证，从事教学的教师或者由中国政府和教育部门派出的中小学教师或志愿者担任，或者由当地留学生以及华人担任，师资结构不稳定、师资队伍流动性大、教师本身素质未必能承担传播中国文化的的重任，这都是亟待解决的问题。第二，大部分华文学校校舍长期需要租用、借用，不能形成稳定的传播场所和渠道。意大利华文教育是在基础薄弱的条件下，在华人热的东风下仓促催生的，校舍不能固定，经常性地变更上课和活动场所，导致生源不稳定，教学随意性大，更不能开展固定的文化活动。

三、意大利华文学校内部管理和组织需要梳理

大部分意大利华文学校采用董事会领导下的校长责任制形式，在调研中发现，大部分的学校董事会成员都来自同一家族。校长职位之下，只设置了一名教务长。小到学生的文具发放，大到教师的聘请、排课以及招生、后勤都由教务长一人包揽。这种管理制度会导致校长与教务长、教务长与教师之间权责不清，越俎代庖的事情时有发生。

四、华文学习者有一定抵触情绪

语言文化的接受者——华文的学习者，大都是3—16岁，这个年龄段的孩子处于

中国语言文化在海外华侨华人社会中的传播研究——基于对意大利华侨华人社会的考察

The Research on the Function of Transmission of Chinese Language and Culture among Overseas Chinese
—Research of Overseas Chinese Community in Italy

当地主流文化氛围的熏陶中，有正规学校的课业负担，在自身的民族意识、学习目的尚不明确的时期，在业余时间被带去学习一种在他们看来并不十分有用的语言，让他们的抵触情绪一触即发。这也直接导致了中国语言文化传播效果大打折扣。

五、推广深度不够，具体推广方式仍需改进

尽管近些年国侨办组织各类"走出去"的海外师资培训、组织寻根夏令营、组织国内优秀师资赴海外教授各种中国文化（戏曲、民间艺术等）课程，而且意大利的华文教育相对于其他欧洲国家而言，居于第一层次，但如此的大投入和效果似乎并不成正比。

大部分孩子在中文学校读了四五年，中文程度仍然不足以阅读报纸，对中国文化的了解也仅停留在极肤浅的表面，看过几次京剧脸谱，剪过几下剪纸，并没有真正触摸到中国文化的核心，他们对中国文化的了解并不比普通意大利人多多少。孩子们还是一步步走向"香蕉人"队伍，实在令人遗憾痛心。海外普通的中文教育，有些还停留在表层的中国文化教育，已经到了必须要痛定思痛的时刻了，必须要探索一条新路子，不仅要帮助华裔华侨子弟进行有效的乃至高效的中文脱盲，还要让他们接触到东方优秀传统文化的精华，理解中国文化的核心价值，如此方能培养出对中国及中国文化真正心存温情、敬意的华侨华裔子弟，如此才是真正有价值的海外中文（及中国文化）教育。

华文学校的推广方式出现了问题，中国文化的核心价值是什么？而优秀的传统文化又是什么？其精华和糟粕都有什么？这需要我们进一步思考和研究。

六、意大利华文学校之间的竞争越发激烈

随着华文学校规模、数量、教学质量的进一步扩大与提升，华文教育集团、华文学校联合会等团体组织开始在意大利华文学校中出现。华校的联合进一步加强了校际之间的联系，有利于华校之间的平衡发展，优质资源共享。但同时，也会让一些未加入联合组织的华校进一步边缘化，弱化其文化传播功能，华文教育市场还需进一步规范管理。

第五节 深化海外华校传播中华语言文化的作用

华侨华人社会的结构性变化极大地增强了其对华文教育的内在需求。华文教育是华侨华人保持民族特性的根本手段，也是促进海外华社和谐发展的根本动力，是其共同的内在需求。近年来，新华侨华人和华裔新生代逐渐成为华社主体，其总数约为2000万，海外华社呈现出年轻化、知识化的特点。华侨华人社会的结构性变化极大地增强了侨胞自身对华文教育的需求，具体表现在两个方面：

第一方面，新移民群体迅速壮大起来，学习中华语言文化的需求非常强烈。新移民定居意大利之后，绝大多数人不愿意自己的子女忘记本民族的语言文化，都希望通过开展华文教育来保持他们的民族之魂与文化之根。十几年来，一批又一批的华人后代进入公立学校与意大利的其他族裔孩子一同接受教育，学习意大利语，接受意大利主流文化，期望摆脱父辈辛苦劳作的坎坷命运，实现向意大利社会的上层流动。这段时期，侨胞们渴望得到主流社会的认可，迫于融入的压力，许多家长曾经一度放弃了华文教育，但随着华人群体的日益强大，家长们开始明白，为第二代华人传递母语也是华人家长义不容辞的责任。如今，许多家长下了很大的决心，每周来回驱车几个小时送孩子学中文，由此可见，家长观念的改变起到了决定性的作用。近年来，随着中国经济的迅速发展和国际地位的提高，"孔子"走出国门，汉语正逐渐被世界所熟悉，全球"汉语热"也使华侨华人越来越重视子女的"母语教育"。[1]

第二方面，华裔新生代群体逐渐成长起来，迫切需要通过开展华文教育来增进他们的民族认同感与文化认同感。在东南亚、欧美等华侨华人的传统聚居区，华裔新生代逐渐取代老一辈成为华社的主体和主力。与老侨相比，华裔新生代受到了良好的教育，且生长于当地，早已融入住在国主流社会，在经济、科技、文化、政治等各领域有所建树，很多已成为学历、收入、成就"三高"人士。然而，较老侨对祖（籍）国浓烈的、特殊的情感而言，华裔新生代不仅在感情上淡薄了许多，有很多甚至已经不会讲中文了，他们对中华民族和中华文化的归属感与认同感日渐趋淡。因此，加强对他们的中华语言文化教育显得尤为迫切。[2]

---

① 刘文珂：《浅析海外华文人才培养及开设全日制中文学校的可行性》，《经济研究导刊》2016年第18期，第125页。

② 陈水胜：《海外华文教育发展的"形"与"势"》，《世界华文教育》2016第7期，第38页。

中国语言文化在海外华侨华人社会中的传播研究——基于对意大利华侨华人社会的考察

The Research on the Function of Transmission of Chinese Language and Culture among Overseas Chinese
—Research of Overseas Chinese Community in Italy

华文学校的主要受众者是新生代华裔，对他们而言，华文学校是了解祖（籍）国的语言文化、传承本民族优良传统的主阵地。随着全球化发展和中国综合国力的提升，海外华侨华人的政治和经济地位有了很大提高。很多华人华侨已经加入所在国国籍，融入当地社会。但是他们依然希望了解祖（籍）国的文化，传承本民族传统的精华之处，于是，这成为当今华文学校的主要教学任务之一。

随着汉语国际推广的逐步深入，近年来意大利的华语教学取得了令世人瞩目的成绩。早年，意大利华文学校每年平均招生人数200名左右，2011年至2015年，学员人数增加之快出乎预料，估算每年进入华文学校的学生在2万名左右。2015年意大利当地中小学的汉语课进入考试科目以来，华语课程开课数量也在逐年增加，并有由课外兴趣班向正式课程发展之势。窥斑见豹，"汉语热"在意大利并非妄言。除了罗马大学以外，那不勒斯大学、米兰大学、威尼斯大学等无一例外都建立了孔子学院，孔子学院的融入为意大利汉语教学增添了许多新的元素，极大地推动了这些汉学重镇中文学科的发展并延伸至广大社区。[1]2017年12月25日的统计数据显示，海外各类华文学校约两万所，在职华文教师数量达数十万，在校华裔学生有数百万人。1599名长期从事华文教育的海外优秀华文教师被国侨办授予"优秀教师"称号，30所海外华文教育师范学校被授予"示范性学校"。[2]

传播中国语言文化是华校生存、发展的内生要求。华文学校的内生性的发展逻辑使其具有了办学机制灵活、资金投入量少、社区关系融洽等优点。同时，华文学校能主动适应教育市场化的要求，积极参与市场竞争，通过市场的扬弃来实现学校的优胜劣汰。在市场中，各华文学校为了自身的生存与发展，纷纷采取多种措施来提升自身的教育教学质量，扩大自己的影响力，提升自身的知名度。

内生性的华文学校发展逻辑，既适应了教育市场化的发展要求，又与华文学校所处环境相适应，是目前华文学校较为理想的发展逻辑。随着"一带一路"倡议的提出与逐步落实，华文教育传承与传播中华文化的功用日益得到彰显和重视[3]，海外华文学校是传播中华文化的重要场所，加强海外华校传播中华语言文化有利于提

①朱勇、孙岩：《意大利汉语教育的现状、问题与对策》，《世界华文教育》2013年第1期，第87-92页。

②陈秋圆：《海外"希望工程"有希望（侨界关注）》，搜狐网，2017年12月25日，http//www.sohu.com/a/212528744157267。

③陈鹏勇：《"一带一路"倡议视域下的华文教育发展研究》，《高教探索》2017年第6期，第100-104页。

高中国文化软实力，所以加强其作用很有必要，对此，提出以下建议：

一、转变华文学校发展观念，推动华文教育在意大利的传播

就华文教育定位而言，华文教育定位包括华文教育总体目标定位、人才培养目标定位、服务面向定位等。准确的华文教育定位，能帮助意大利各华文学校以社会需求为导向，根据自身条件和发展潜力进行教育的发展规划。

有一些意大利华文学校对华文教育存在教育定位认识不清的问题，认为华文教育就是中文教育，而忽略了华文教育对当地华侨华人的本真意义，即民族文化教育的重要作用。其实，意大利华文学校在当地进行华文教育具有"两重属性"。对当地华侨华人来说，华文教育是当地华侨华人的民族文化教育，是当地华侨华人为了维持民族传统、民族文化、民族风俗，进而深化民族内涵，促进民族持续发展而进行的民族语言文化教育；对当地非华裔而言，华文教育既可看作是本国少数民族语言文化教育，也可看作是外语教育，是当地多元文化教育的一部分。明晰了华文教育在当地社会的属性，意大利华文学校就能有针对性地进行招生方面的宣传，并在教育教学中提高针对性，从而提升华文学校的教学质量，进而扩大教育需求，保证华文学校的可持续发展。意大利佛罗伦萨中文学校在开设汉语课程的同时，还开设民族特色鲜明的书法、绘画、音乐课等兴趣课，将中国民俗文化融入到汉语课程教学中，这些举措都是因为学校认识到了华文学校作为海外民族文化教育的重要载体，在延续海外华族传承发展方面的重要使命，从而促进中文在意大利的普及和推广。

基于对华文教育的语言文化教育和民族文化教育双重属性的认识，海外华文教育也可被视为是中国语文教育的延伸，意大利华文学校可以通过将自身课程体系与国内义务教育接轨、建立学分互认制度的方式来实现与国内华文教育的对接融合，从而促进意大利华文学校的课程建设，提高教育水平，推动教育需求增长。面对华侨回流高峰时期的到来，意大利华文学校将自身教育体系与国内义务教育进行衔接十分有必要，这将成为拉升教育需求增长的有力因素：首先，国内外接轨的华文教育有利于归国华侨子女迅速融入国内生活，继续接受国内教育，学生家长更乐于接受；其次，国内外接轨的华文教育对于那些想要在将来回中国发展的新一代华侨华人来说，更具吸引力；第三，国内外接轨的华文教育有助于华文学校获取更丰富的教学资源、提升师资水平，从而以更高的教学质量提升教育需求。

中国语言文化在海外华侨华人社会中的传播研究——基于对意大利华侨华人社会的考察

The Research on the Function of Transmission of Chinese Language and Culture among Overseas Chinese
—Research of Overseas Chinese Community in Italy

意大利华文学校作为意大利华人华侨群体融入当地社会和保持民族传承的特殊产物，既具有作为知识输出、教书育人的教育机构的共性，也有其作为内生性的语言和文化传播机构的特性，突出表现在学校服务对象的复杂性。华文学校有别于传统的学校，就读学生的入学具有随机性，且流动性强、年龄分化大、汉语水平参差不齐，有些学生刚到侨居国，家长通过让其进入华文学校来更快地融入华人群体和当地社会；有些学生在侨居国的全日制学校就读的同时，利用课余时间在中文学校学习，一旦课业加重或者课余时间被占用，则会中断中文学习。因此，华文学校在开展教学的时候，不仅要考虑学生的汉语言水平差异，也要考虑学生的年龄差异和背景差异，同时还要建立学生的学习进度追踪档案，时刻关注在读学生和潜在生源的需求变化，不断提升和完善课程和班级设置，使学校的教育更能满足学生需求。

二、夯实基础服务，提升华校形象

俗话说"远亲不如近邻"，良好的社区关系是意大利华文学校可持续发展的根基。意大利华文学校要从两方面着手，稳固社区关系：一方面是要服务好当地华侨华人，让社区成为华侨华人沟通和活动的重要场所；另一方面则要提升面向整个社区的服务力，立足社区，广泛开展各种敦亲睦邻活动，融入主流社会。当地华侨华人本身也是社区成员，因此这两方面是相互融合的。意大利佛罗伦萨中文学校从建校起就十分注重社区关系的处理，通过"六一"儿童节、元旦、中秋节、春节等节日，定期举行面向整个社区的大型活动，包括联谊会、晚会、文化交流会、艺术展览等多种形式，不仅丰富了当地华人华侨的文娱活动，也促进了中国文化的宣传推广，增强了社区的多元文化交流，提高了社区对华文教育的接纳度。

意大利华文学校的内生性发展逻辑决定了其与当地华人华侨群体天然的内在联系，社区内的华人华侨群体是华文学校学生和教师的主要来源，服务好区内华侨华人是华文学校赖以生存的根本，进一步提升服务能力是华文学校稳定发展的保障。首先，意大利华文学校要积极地加强教师和家长间的联谊，且与当地华人社团保持沟通联络，参与和协助社团开展活动，从而加深与区内华侨华人的关系。其次，意大利华文学校要与国内相关组织机构以及侨办、侨联等部门积极联络，将国内优秀的文化艺术引入社区，同时开展多种形式的文娱康乐活动，丰富区内华侨华人的生活。最后，意大利华文学校要充分利用自身优势，强化与当地主流社会的沟通，代表华人团体，向主流社会争取华人的合法权益和平等地位，从而提升华文学校的形象和影响力。

三、利用意大利多元文化环境和资源，密切与当地主流社会联系，深入中意文化交流

华文学校内生性的特征，也使得华文学校容易错失借助外力特别是借助政府之力来促进自身快速发展的良好时机，导致华文学校政策支持少、师资力量薄弱等影响发展的问题。华文学校在坚持内生性、市场化的基础上，应积极争取中、外各级政府更多的政策支持，特别是办公经费、师资力量等方面的支持。各华文学校应积极建立属于自己的联合组织，通过组织的力量为华文学校争取政府更多的政策支持。同时，各华文学校要做好组织发展的长远规划，加大对教师的培养力度，鼓励教师的专业成长，以提升本校的师资水平，提高教育教学质量，从而提升学校的知名度，建立学校品牌。

在意大利当地的社区中，与华文学校发生直接或间接联系的社会组织十分广泛，包括地方政府、工厂、学校、旅馆、医院、非政府组织以及众多的居民群众。因此，意大利华文学校要在做好为华侨华人服务的基础上，进一步提升自身的服务能力，拓展服务范围，把社区中与自身有关的各个成员都作为服务的对象，使华文学校成为当地社会学习汉语、传播中华民族文化的最主要阵地，成为当地社区文化建设不可缺少的一部分。意大利华文学校应进一步强化与社区相关组织的互动，通过输出教育和文化服务，造福于当地社区和民众，为社区的发展创造良好的人文环境。同时，华文学校要进一步发挥促融作用，提升促融质量，使华文学校成为当地民众与华侨华人相互沟通与理解的平台和主阵地，促进社区内当地民众与华侨华人的沟通协作。罗马中华语言学校与当地政府一直保持着良好关系，每逢学校举办新春庆、建校周年庆等重大活动都会邀请当地政府、教育局等相关官员来参加，该校也积极参加当地政府和社区组织的一些活动，通过加强与社区联动来提升学校与社区的关系。意大利佛罗伦萨中文学校一直十分注重加强与意大利政府和教育部门的沟通合作，积极参加意大利教育改革研讨会，将学校纳入意大利多元文化教育计划，从而在当地主流社会树立了学校的良好形象，发挥了积极的影响力。此外，该校图书馆还免费对社区开放，为社区提供了一个良好的中文学习环境。①

---

①严晓鹏：《欧洲华文学校的发展逻辑及行动策略——以欧洲浙江人创办的华文学校为例》，《世界华文教育》2011年第4期，第29页。

中国语言文化在海外华侨华人社会中的传播研究——基于对意大利华侨华人社会的考察

The Research on the Function of Transmission of Chinese Language and Culture among Overseas Chinese
—Research of Overseas Chinese Community in Italy

四、意大利华文学校应设法建立与当地孔子学院的协作关系，更好地为传播中华文化做出积极贡献

华文学校与孔子学院的合作已初露端倪。孔子学院作为推广汉语、传播中华文化的非营利性机构，负有历史性的使命。但是相比历史悠久的中文学校而言，其对于当地政策、文化的了解，对于被传播者特点及与其相适应的传播方式的了解远不如中文学校，因此，孔子学院应和华文学校联手，更好地以当地人喜闻乐见的方式推广中华文化。[①]

意大利华文学校之间发展不平衡非常明显，可以使示范性华文学校与孔子学院在师资、教学资源上共享，进而优化各自优势，在华文教师培训、文化活动开展等方面，结合各自优势进行合作。

五、意大利华文学校需接受市场考验，形成良性竞争机制，在真正意义上共同创建意大利华文学校的联合体

可以说，"融入主流"与主流教育接轨是目前整个海外华文教育的明显趋势和必然趋势，华文学校的功能将日益强大，其在向主流社会传播中华文化、促进中外文化交流方面的功能愈加突出。再者，意大利实施的多元文化政策，将进一步凸显这种优势功能。意大利华文学校走向国际学校之路是不可阻挡的。2013年，意大利乃至欧洲第一所由华人创办的全日制双语学校——中意国际学校获得意大利教育部承认并正式注册，成为被纳入当地教育体系的一所新型学校，同时，该校也是中国国务院侨办授予的"海外华文教育示范学校"。面对众多的意大利华文学校，必须让华文学校接受市场考验，优胜劣汰，形成良性机制，及时纳入主流教育系统中，才能更好地发挥意大利华文学校在海外传播中国语言文化的重要作用。

---

①华宵颖：《汉语热背景下北美中文学校文化传播功能研究》，《世界华文教育》2010年第3期，第46页。

第四章
意大利华文媒体在中国语言文化传播中的作用

2017年9月，来自五大洲60余个国家和地区的460多位海外华文媒体高层人士参加第九届世界华文传媒论坛。目前，海外华侨华人总数约6000万，加上港澳台同胞，海外华人群体将近1亿。华语成为全世界使用人口最多的语言之一，华文媒体数量已居世界媒体前列。海外华文媒体由点及面地构建了一张覆盖全球的跨文化传播网络，成为中国语言文化国际传播的核心力量。中共十九大报告中指出，要"广泛团结联系海外侨胞和归侨侨眷，共同致力于中华民族伟大复兴"。新时期新征程，海外华文媒体对中国文化"走出去"，响应"一带一路"倡议，实现"中国梦"起着独特作用，具有深远意义。

第一节 海外华文媒体概况

传媒是反映社会现实和精神走向的重要载体。海外华文媒体，学者普遍认为是以海外华侨华人为主要受众，以华语作为传播语言的媒体。[①]据不完全统计，全球有各类海外华文媒体1000余家，遍布60多个国家和地区，累计总数4000多种，其中报纸占最大份额。目前海外华语广播电台有70多家，华语电视台几十家，网络媒体则难以统计。有研究表明，海外华文媒体在相对数目和散布广度上并不亚于英文媒体，已经成为传播中华文化的一支重要力量。移民传播学的鼻祖、美国传播学者罗伯特·帕克（Robert Park）在1922年发表了全球第一本有关移民传播学

---

①章宏：《新媒体环境下海外华文报纸新闻生产现状探析——以〈欧洲时报〉为研究对象》，《国际传播》2017年第1期，第84页。

中国语言文化在海外华侨华人社会中的传播研究——基于对意大利华侨华人社会的考察

The Research on the Function of Transmission of Chinese Language and Culture among Overseas Chinese
—Research of Overseas Chinese Community in Italy

的巨著《移民报刊及其控制》（The Immigrant Press and It's Control），他将移民媒体功能归结为"归化"（Assimilation）、"社会整合"（Social Integration）和"联结家乡"（Bridging Homeland）。①可见，海外华文媒体不仅是新闻史上的一个重要组成部分，其自身也具有各类重要功能，例如海外华文报纸就被看作是国际传播的一个典型，也被认为是在全球发行最广、种类最多的移民传媒。通过对海外华文媒体的研究和解读，可以透析海外华侨华人发展过程中的移民生活、社会融入、经济贸易、文化教育等多方面的变迁，也可以从中感受并解读海外华人华侨的艰辛与迷茫。

数量众多的海外华文媒体从不同视角、以不同的传播渠道对中华文化进行传播，极大地改善了西方媒体和民众对中华文化的某些误解和成见，有效地促进了中国文化影响力的提升，推动了新时期中国国家形象的塑造。对于海外华侨华人而言，华语传媒是连接自己与祖籍国的桥梁，通过浏览华文媒体中传递的信息获得自身身份的认同以及自身生存发展信息；对祖籍国来说，海外华文媒体还具有智库作用，它为了解当代海外华侨华人生存状态提供了一扇窗口，为研究海外华人社会提供了一手资料，又在国际舆论阵营中传递了华人声音，通过国际传播展现中华文化渊源流长的魅力。

华文传媒不仅通过传媒本身的信息传播活动促进了当地主流社会对华人社会和中国的了解，还通过举办各种文化活动，推动了中华文化在当地的传播，受到当地主流社会的欢迎。例如，在美国，《中美邮报》经常以中华文化艺术为主体，组织各种不同形式的艺术晚会和专场表演，全方位地传播中华文化，而且有相当多场次的文化介绍直接面对美国民众，对他们了解当代中国和炎黄文化，具有十分现实的意义。在新加坡，《联合早报》《联合晚报》和《新明日报》一直在坚持举办"华族文化节"，节目从最初的几十项增加到现在的100多项，参与的国内外团体越来越多，影响也愈来愈广。②

海外华文传媒直接面对所在国的华人社群，反映了一定范围华人社区内的现象，传递了华人社区对社会的态度。研究海外华文传媒的历史与现状，有助于人

---

①刘康杰、夏春平：《新媒体淘汰报纸？——五大洲31国59家海外华文报纸调查》，《新闻业务》2015年第1期，第23页。

②彭伟步、焦彦晨：《海外华文传媒的文化影响力与中国文化软实力的建设》，《新闻界》2011年第5期，第123-127页。

们更加近距离地了解华人社会。

第二节 海外华文媒体的历史

一、海外华文报刊

华文报刊和华侨华人社团、华文学校一起被称为华侨华人社区的"三件宝",是支持海外华侨华人社会存在与延续的三根支柱。[1]距第一份海外华文报刊创办至今约有203年历史。有学者将欧洲华文报刊史概括为欧洲华人的移民史、发展史。据1992年的权威统计,在中国欧洲各国使馆内注册的华文报刊近30份。[2]

目前仍在出版的印刷媒体有500多种,其中每天出版的日报100多家,以报纸形式、定期出版的期报180多家,各类刊物230多种。其中马来西亚槟城的《光华日报》创办于1910年,是办报时间最长的海外华文报纸。[3]

中国近代中文报业发端于海外。学术界公认的世界上第一份近代华文报纸是1815年在马来西亚马六甲创刊的《察世俗每月统记传》[4],著名新闻史学家戈公振在《中国报学史》一书中指出,它为"华文报纸第一种""我国有现代报纸之始"。《察世俗每月统记传》1815年8月5日创办于马六甲,内容以传教为主。它的创办人是伦敦布道会派遣来华的传教士罗伯特·马礼逊。他是基督教新教来华传教的第一人。《察世俗每月统记传》创办之前,中国的报业主体是封建官报以及街头小报。这些报纸内容死板,发行渠道单一,受众群体不具备大众意义,因而我们可以认为,传统官报和小报不具备现代报纸的特征。而《察世俗每月统记传》的出现,既推动了我国近代报业的发展,也带动了海外华文报刊的发展。[5]

①郭招金:《全球化浪潮中的海外华文媒体》,《山东视听:山东省广播电视学校学报》2005年第4期,第40-41页。
②沈娟:《欧洲华文报刊知多少》,《新闻通讯》2002年第6期,第36页。
③《海外华文传媒的定位与角色》,中国网,2001年9月17日,http://www.china.com.cn/chinese/2001/Sep/59445.htm。
④顾东黎:《跨文化传播中华文媒体的生存空间研究》,中央民族大学硕士学位论文,2005年。
⑤郭招金:《全球化浪潮中的海外华文传媒的定位与角色》,《侨园》2001年第6期,第6-7页。

中国语言文化在海外华侨华人社会中的传播研究——基于对意大利华侨华人社会的考察

The Research on the Function of Transmission of Chinese Language and Culture among Overseas Chinese
—Research of Overseas Chinese Community in Italy

　　海外华文报刊在很长一段时间里处于萌芽状态。1894年中国在中日甲午战争中的失败，加速了中国人民的民族觉醒，推动维新运动走向高潮。特别是康梁变法维新的主张，影响到海外华侨新闻事业的空前发展。据学者统计，当时辛亥革命先驱在海内外所办报纸120多家，其中多数创办于海外。在北美、南美、中美、澳洲、菲律宾等地都有同盟会、兴中会创办的机关报。这些革命党的报刊发表大量言论，唤醒华侨的民族意识和爱国心，直接为华侨参加民主革命做舆论动员。1912年，梁启超在北京一次演讲中谈到辛亥革命迅速获得成功的原因时认为，"报馆鼓吹之功最高，此天下之公言也"。这一时期最为著名的是保皇派的《清议报》《新民丛报》和革命派的《中国日报》。在抗日战争时期，祖国处于危难之中，海外特别是南洋地区大量华侨子弟回国参加抗战，捐赠大量物资。广大华侨支持祖国抗战，这同海外华文报刊的宣传动员是分不开的。当时海外出现了《救国时报》《先锋报》等大量抗日报纸。1937年，《星洲日报》和《南洋商报》等10余家侨报还派出由15名记者组成南洋华侨战地记者团，到中国内地进行长时间的战地采访，向华侨报道中国抗战消息。

　　20世纪80年代中期以来，全球各地的新移民办报办刊热潮蔚为壮观。北美、日本、欧洲、澳大利亚是几个最值得关注的热点地区。美国目前有十几种已在市场上站住脚并具有一定影响力的新移民办的报刊。东欧和西欧的华文报刊均如雨后春笋般出现。在澳大利亚，中文是仅次于英文的第二大语言，20世纪90年代开始出现办报、设电台、建电视台、办网站的热潮。传统华侨、华人聚居地区的华文媒体稳定发展，持续繁荣。新加坡的《联合早报》和马来西亚《星洲日报》《南洋商报》《光华日报》等报纸有很大的发行量。泰国、菲律宾的华文报纸也发展稳定。北美地区有多份华文报纸在读者中有很大影响力。①

二、海外华语广播

　　20世纪30年代也是海外华语广播的初创时期。华人社会最早的华语广播机构是1933年春创立于檀香山的"华人播音局"，这是一家以粤语进行广播的华文电台。在这之后，旧金山和洛杉矶又先后创办了一些华语电台，比如华人彭爱贤在檀

---

① 《海外华文传媒的定位与角色》，中国网，2001年9月17日，http://www.china.com.cn/chinese/2001/Sep/59445.htm。

香山又设立了另一家华语广播机构——"檀香山播音新闻社"，祖籍广东的华人唐宪才1939年4月在旧金山创办了金星广播电台等。它们的出现意味着华语广播事业的肇始。这几个华语广播机构之所以都出现在美国，是因为这里的言论自由度大一些，当地政府限制较少，而在其他国家，广播、电视均被置于当地政府的严密控制之下，外侨是很难涉足的，唯有报刊，各国尚能允许外侨创办，因而在相当长的一段时间里，华侨报业始终是华侨新闻业的主体。在东南亚地区，马来西亚和新加坡成为近代海外华文电台创办的先驱国家。1935年起，马来西亚就开始用粤方言和闽方言进行广播。之后，新加坡广播电台也开播华语广播，它于1936年开播，以马来语、英语、华语（普通话）、泰米尔语四种语言传播信息和节目。

进入70年代，海外华语广播逐渐扩展，华人电视纷纷崛起。在美国，华人广播出现了所谓纽约、旧金山和洛杉矶三大中心。这种形势与中国改革开放、中国留学生和移民有密切关系。这一时期，除了东南亚一些国家继续开设华语广播为国民服务外，华语广播在一些中国移民比较多的国家得到了迅速发展，如加拿大、美国、澳大利亚和新西兰，并且，很多电台开始实行每周7天、全天24小时的播出制度。20世纪80年代以来，海外华语广播电台不仅在北美、东南亚地区继续发展，而且在欧洲、非洲和拉美等地区也发展起来。

目前，海外华语广播媒体正在朝着多元化、立体化、专业化和当地化的方向发展，同时随着车载广播的发展，华语广播凭借其成本低、听众稳定的优势获得了一定市场的发展空间。

三、海外华语电视

海外华语电视的发展是继海外华文报刊、海外华语广播出现之后开始的，它的发展历史要短于报纸和广播。目前的资料显示，海外华语电视最初诞生在美国。[①]电视的创办需要大量资金、人才和电视观众，因此只有在当地华人群体形成一定规模之后才会产生。美国和东南亚地区的华人社会成型较早并形成了一定的规模，观众开始具有一定的经济实力，国家需要利用华语电视向华人传播政府信息，这使得华语电视在这两个区域的出现早于其他国家。

---

① 李宇：《海外华语电视研究》，中国社会科学出版社2011年版，第11页。

中国语言文化在海外华侨华人社会中的传播研究——基于对意大利华侨华人社会的考察

The Research on the Function of Transmission of Chinese Language and Culture among Overseas Chinese
—Research of Overseas Chinese Community in Italy

在海外华语电视诞生的最初20年中，也就是20世纪七八十年代，北美的华语电视公司主要扮演电视节目运营商的角色。它们主要通过向电视台购买时间段以及向中国台湾节目制作方购买电视节目这样一种方式存在和经营。在当时，这些电视公司一方面没有自己成熟的传播渠道，另外一方面尚未拥有独立制作电视节目的能力，在一定程度上并不算是真正意义上的"电视台"。

进入20世纪90年代后，北美、西欧和东南亚逐渐形成了三大华语电视中心，并出现了卫星电视。[①]中国内地、中国香港和台湾地区的电视机构也开始通过卫星建立自己的海外分台，原先的海外华语电视公司为了寻求更多发展空间，开始进入新的发展阶段，出现了具有节目生产和内容运营能力的独立海外华语电视台。在这个阶段，华语广播和电视都得到了快速发展，诞生了一大批具有较大影响力的电视台，比如1990年启播的美国熊猫电视台、1998年成立的纽约华语电视台、1999年成立的中国之星电视台等。这些电视台通过有线电视网和卫星天线接受系统，基本覆盖了北美地区，节目内容除当地制作外，主要来自中国内地和中国香港、中国台湾等地的电视台。

这一时期的海外华语电视，除了由海外华人社群出资建立之外，还有中国内地、香港和台湾的电视机构在推动电视节目海外落地和建设海外分台方面的实践。纵观其发展历程，在较长一段时间内，海外华语电视受港台影响极深，在新闻及公共事务节目上，经常出现"拿来主义"。由于广东籍和福建籍华侨华人的移民历史较长，在海外媒体的发展过程中，粤语和闽南语两种方言曾占据华语传媒，然而随着之后大量中国大陆移民定居海外，普通话慢慢替代了原先的两种方言，成为了华语电视节目的主流语言。

近年来，海外华侨华人人数不断增长，整体实力日益提升，加之互联网以及电视数字化技术的迅速发展，海外华语电视呈现出新的特点。华人创办或经营电视台的目标受众定位日益明晰，不再局限于使用华语的华人受众，开始转向非华语受众，包括习惯用外语交流的华裔后代。这个趋势对于中国对外传播来说，是一个值得关注和研究的现象。这为我国电视对外传播和交流提供了一种有别于官方媒体的民间渠道，具有积极的意义。

---

① 《全球华浪潮中的海外华文媒体》，中国网，2005年4月1日，http://www.china.com.cn/chinese/zhuanti/qkjc/826902.htm。

第三节 新媒体时代下的海外华文媒体

一个国家或地区的华文自媒体数量动辄几十上百，而且已经形成常态。以海外华文的微信公众号为例，据不完全统计，泰国130家，新西兰190家，美国加州160家，加拿大180家，英国100家，澳大利亚悉尼190家……[1]据统计，当前海外华文媒体之中，以网站、移动客户端、社交媒体账号为平台的华文新媒体数量已突破4200家。《缅甸中文网》创办后又开办了微博微信版，目前公众号约有100万用户，其中境外用户约50万。澳大利亚的澳华传媒集团最早是布里斯班的华人电台，在新媒体进程中，先后建立了电视台、报纸、微信、微博、Facebook、Instagram、Twitter版。毛里求斯、苏里南等遥远的国家，也在2016年开通了"毛里求斯中文网""苏里南华人"等微信公众号。[2]

1997年10月，由法国华文媒体《欧洲时报》牵头负责筹备成立了"欧洲华文报刊协会"，之后，根据华文媒体发展形势，协会更名为"欧洲华文传媒协会"。协会在法国巴黎注册，常务秘书处设在《欧洲时报》报社，由《欧洲时报》报社负责协会的日常事务和联络工作。目前该协会会员单位已经超过60家，媒体形态也由最开始的报刊为主，发展成现在的报刊、杂志、广播电台、电视台、网站和出版社等多种形式并存。[3]

笔者曾赴福州软件园调研"华人头条"总部，并与其创始人黄琪望进行采访交流。"华人头条"APP由福建可比信息科技有限公司运营，该公司成立于2009年，创办初期主要开发供应链仓储物流相关软件，2014年12月，该公司组建团队研发"华人头条"，并于2015年5月在阿根廷正式上线。"华人头条"与不同国家的华文媒体建立了内容和运营的合作关系，海外华文媒体采编当地新闻、提供生活服务信息及其他资讯内容，利用"华人头条"的系统技术及平台对接当地使馆、华人社团、留学生并逐步延伸到项目宣传、活动推介、广告招商、同城服务、华文教育、理财消费等商业盈利模式上。据"华人头条"负责人黄琪旺介

---

①《华人头条：携手海外华文媒体共建国际话语体系》，中国网，2017年8月31日，http://www.cnr.cn/chanjing/gundong/20170831/t20170831_523927350.shtml。

②刘康杰，李绮岚：《"融""承""传"——社交媒体时代海外华文传媒的"变"与"不变"》，《对外传播》2017年第2期，第73页。

③欧洲华文传媒协会，《协会简介》，1997年10月，http://www.ouhuamedia.com/introduction.jhtml

中国语言文化在海外华侨华人社会中的传播研究——基于对意大利华侨华人社会的考察

The Research on the Function of Transmission of Chinese Language and Culture among Overseas Chinese
—Research of Overseas Chinese Community in Italy

绍，"华人头条"目前已经在五大洲40多个国家建立了60多个海外合作站点，用户下载量超过800万，并已开发出中、英、俄、葡、西等6种语言版本的客户端。

2015年8月，在第八届世界华文传媒论坛上，由中国新闻社倡导创立的"中新社——海外华文媒体合作创新平台"正式启动。这一联动海外数家华文媒体建立的媒体融合平台，可以被看作是海外华文媒体在中新社的带引下，在平台、内容、信息采集、渠道等各方面达成共享媒体资源、共建受众网络，完成转型升级。

第四节 意大利华文媒体的特点

"在新的世界中，中国变得离我们很近。"这是2012年7月，意大利参议长雷纳托·斯基法尼在《中意》双语杂志意大利推介会上做"寻觅东方的朋友：沟通意大利与中国"演讲中的一句话。确实，随着全球化、信息化的不断深化，中国与意大利这两个文明古国在新时期因为华侨华人、新媒体等迸发出了新火花，当然，意大利华文媒体在这一过程中扮演着至关重要的角色。

2017年9月举办的第九届世界海外华文传媒论坛上，参会的意大利华文媒体代表包括《新华时报》社长朱玉华、《欧华联合时报》社长吴敏、《世界中国》杂志社社长胡兰波、《世界中国网》总编胡兰滨、欧洲华文电视台台长林朱庆、新华传媒网总编陈维刚、意大利新华报业集团董事长洪森淼、意中新闻网总经理叶元彬、欧华传媒集团总裁张寒萍、《欧洲华文报》总编辑徐文山、欧洲新闻网副总编辑张仁发、《华人街报》总编辑王卫平、《新欧洲侨报》董事长陈世甫共计13位，人数上仅次于英国的14位应邀华文媒体代表，可见经过30余年的发展，意大利华文媒体在欧洲华文媒体上占据了重要位置。欧洲华文媒体的演变发展可以说是华侨华人群体发展的直接且直观的呈现，如多棱镜般从各个方面反映了欧洲华侨华人生活的状态、需求和困境。反过来，华侨华人的现状与趋势也直接决定了欧洲华文媒体的今天与明天。

如北京大学国家战略传播研究院院长程曼丽在《以中国的全球战略思维重新审视海外华文传媒》一文中分析海外华文传媒与祖国或祖籍国之间的关系那样，"海外华文传媒是世界传媒体系中的一个特殊支系，其特殊性就在于它的创办者（及受众）与祖国或祖籍国之间存在着千丝万缕的关系。这一联系决定了二者之间'自变'与'因变'的关系状态——祖国或祖籍国的变化必然引起海外华文媒体乡音的变化，反过来，海外华文传媒发展中的每一个重大变化，都可以从祖国或祖籍国的变化中找到依据"①，可见，意大利华文媒体依据投资者、创办者或者当地华侨华人受众群体的地缘关系等，呈现出纷繁的特点。

一、内容选材上具有地缘倾斜性

2014年，浙江省政府新闻办举行新闻发布会，公布了浙江历史上规模最大的一次基本侨情调查情况。据统计，截至2014年，在世界各国的浙江籍华侨华人创办的华文媒体已有近100家，分布在20个国家，设在法国、意大利的分别有14家和13家。其中，温州籍海外华侨华人在世界各地开办了44家报刊社、网站、广播电台和电视台，成为海外华人华侨中开办华文媒体和华文学校最多的群体。这44家海外华文媒体分别分布在法国、西班牙、意大利、美国、新西兰、墨西哥、德国、俄罗斯、匈牙利、荷兰、英国、南非、希腊、阿联酋、尼日利亚等15个国家和地区。温州市侨务部门统计显示，20世纪70年代起，温州人开始涉足海外传媒业。2014年，还成立"温籍海外华文媒体联谊会"，以"联手形成合力，齐心宣传温州"为宗旨。

表1　部分意大利温籍华文媒体

名称	创办时间	备注
《欧洲华人报》	2004年	总部设在米兰，成立华夏集团，包含报纸、杂志、网络和影视中心等业务。
《欧联时报》	2004年	总部设在普拉托，由意大利欧联报业集团出版发行。2006年5月1日正式启动了"欧联传媒网"新闻网站。
《欧华联合时报》	1997年	总部设在罗马，由意大利欧华报业集团股份有限公司出版发行，前身为《欧华时报》，是新华社在欧洲地区第一家有版面合作的华文媒体。
欧洲华人电视传媒集团	2010年	由著名侨领林朱庆牵头和意大利人钟玛尼及意大利侨领企业家合资开设，集卫星电视台、网络和报刊发行为一体。

---

① 程曼丽：《以中国的全球战略思维重新审视海外华文传媒》，《对外传播》2012第10期，第4页。

中国语言文化在海外华侨华人社会中的传播研究——基于对意大利华侨华人社会的考察

The Research on the Function of Transmission of Chinese Language and Culture among Overseas Chinese
—Research of Overseas Chinese Community in Italy

续表

| 《欧洲侨报》 | 2001年 | 总部设于米兰，由意大利中欧媒体集团有限公司创办。 |
| 华夏之声中文台 | 2018年 | 意大利唯一的中文调频广播电台，隶属于意大利国际广播传媒公司（Italian International Radio and Media S.r.L.） |

2010年，欧华联合时报在自己的欧华传媒网上分别上传了《有话直说》《百晓讲新闻》《温州零距离》《闲事婆和事佬》《温州新闻联播》等温州老百姓耳熟能详的地方电视节目，其中还包括用温州话主持的"乡音"节目。意大利华夏之声中文台开设《温州人讲新闻》一档节目，以温州地方方言播报新闻，时长15分钟，节目内容主要为近一周意大利当地的华侨华人新闻与意大利当地重大新闻等。

《意大利侨网》首页上专门开辟了《乡情传真》栏目，据统计，2010年12月1日至27日，该栏目上传关于温州地域新闻的报道共计9条，占所有报道的69.2%，而有关丽水和宁波的报道分别为3条和1条，可见其在"乡情"栏目信息筛选上的地域倾斜性。

二、多媒体渠道融合

《欧华联合时报》由意大利欧华报业集团股份有限公司于1997年出版发行，前身是《欧华时报》。该报先后与中国中央电视台海外节目中心、温州报业集团、新华社建立了业务合作关系，是新华社在欧洲地区第一家有版面合作的华文媒体。《欧华联合时报》成立10周年之际，推出了欧华传媒网（www.ouhuaitaly.com），与《欧华联合时报》成为互动的新闻平台。意大利首家24小时中文广播电台——意大利华夏之声广播电台已于2018年3月1日在意大利米兰调频FM92.4，在普拉托、佛罗伦萨调频FM107.9开播，另开设网址为www.chinafm.es的网站，并建立了华夏之声听众微信群，实时更新节目单和内容，与听众互动交流。

三、贴近中意热点新闻，翻译转载稿件占多数

《欧洲时报》2017年12月20日翻译了意大利Entietribunali网站报道，根据意大

利知名房地产中介Tecnocasa的研究部门对意大利重要城市房价的分析，登载题为《意大利房价连连下跌 一图带您看懂如今在哪买房最划算》的报道。[①]同意大利其他华文媒体类似，以意大利华侨华人关心的当地税收、房价，国内经济形势、重大政治新闻事件等为主要内容翻译转载或刊登中意主流媒体稿件，是意大利华文媒体（无论是传统媒体还是新媒体）的一大特点。

四、与国内主流媒体交流合作加强

2017年12月12日至14日，意大利侨网同新华网、中新社、凤凰网、香港大公文汇传媒集团、英国卫报、第一财经日报、每日经济新闻、21世纪经济报道、浙江日报、浙江交通之声等20余家国内外媒体在舟山进行集中采风，集体探访了解浙江自贸试验区建设。《新华联合时报》威尼斯分社与青田《侨乡报》等合作推出了欧洲第一份华文手机报，为在意大利的青田籍华侨华人提供手机新闻和咨询服务。[②]通过同国内媒体的交流合作，近年来，意大利华文媒体在大事件报道、传播渠道开发、资金合作、版面合作等方面都展现出了新亮点。

第五节 意大利华文媒体的作用

根据意大利华文媒体的特点，结合新媒体时代的变化和全球化进程，意大利华文媒体拥有以下重要作用：

一、讲好"中国故事"，参与构建国际话语体系

当下，西方发达国家大幅提高对新媒体的资金、技术投入，以期布局新媒体时代下的国际话语权争夺。世界如何了解一个真实全面的中国，中国如何向世界讲述"中国故事"，这其中海外华文媒体承担了重要角色。党的十八届三中全会

---

① 《意大利房价连连下跌 一图带您看懂如今在哪买房最划算》，欧洲时报，2017年12月12日，www.oushinet.com/europe/italy/20171221/280663.html。
② 丁建晖：《浙江籍人士投资创办海外媒体研究》，《浙江学刊》2011年第6期，第219页。

中国语言文化在海外华侨华人社会中的传播研究——基于对意大利华侨华人社会的考察

The Research on the Function of Transmission of Chinese Language and Culture among Overseas Chinese
—Research of Overseas Chinese Community in Italy

通过的《中共中央关于全面深化改革若干重大问题的决定》提出，要"扩大对外文化交流，加强国际传播能力和对外话语体系建设，推动中华文化走向世界"。华侨华人是"中国故事"的讲述者和传播者，海外华文媒体对增进国际理解、讲好"中国故事"具有不可比拟的作用。

中国的崛起使其日益受到国际社会的关注，海外华文媒体的话语力量也随之成为国际政治社会不可忽视的一支媒体力量。比如加拿大英属哥伦比亚省的杰克·韦伯斯特新闻奖（Jack Webster Awards）在表彰当地杰出新闻作品时，当地的《环球华报》（Global Chinese Press）等华文媒体入选并获得殊荣。[①]

遍布全球60余个国家及地区各种类型的海外华文媒体由点及面构建了一张巨大的国际话语体系网络，若能对接国内主流媒体利用新媒体技术将稳固国际话语体系建设。其中以中新社联手海外多家华文媒体打造新媒体时代下的华文资讯传播枢纽为典型。2015年8月，中新社—海外华文媒体合作创新平台启动，基于这一平台，中新社自主研发了"全球编辑室平台"并分批次免费向海外媒体开放。2016年11月，中新社将"全球编辑室平台"升级为"华舆"客户端，同匈牙利《新导报》、南非《华侨新闻报》、韩国《世界侨报》、埃及《中国周报》、西班牙《欧侨讯播报》、俄罗斯《龙报》、尼日利亚《西非华声报》、美国《亚省时报》、加拿大七天文化传媒和美国《芝加哥华语论坛》等10家海外华文媒体签约。

作为中央广播电视总台在意大利的落地项目，意大利国际广播传媒责任有限公司于2016年1月1日启动广播落地项目，与覆盖意大利15个城市的广播频率Radio We合作，24小时播放中国国际广播电台在北京总部意大利语节目以及在意大利本土制作的广播电台。同时，它还在米兰市中心成立制作室，为Radio We的节目生产制作提供支持。

意大利华夏之声中文台China FM是意大利唯一的中文调频广播电台，隶属于意大利国际广播传媒公司（Italian International Radio and Media S.r.L.）。随着意大利华夏之声的开播，其在意大利当地媒体的影响力日渐显现，比如意大利收视率最高的午间新闻TG5电视就对其进行报道，意大利的几大重要报媒Corriere Della Sera

---

①刘琛：《海外华文华文媒体的现状和未来》，《对外传播》2015年第10期，第7页。

（晚邮报）、Reppublica（共和报）、Millano Today（今日米兰）、La Nazione（民族报）等都对其进行了专题报道。

二、塑造华人形象和国家形象

以西方发达国家为主导的国际舆论格局持续已久，具有复杂性、片面性和持久性。叶虎在《海外华文传媒与中国国家形象塑造》一文中提出国家形象在传播媒介上具有三个不一致性，包括：本国媒体中的国家形象与外国媒体中的国家形象不一致；真实国家形象与媒体国家形象不一致；期望产生的国家形象与实际产生的形象不一致。①

"作为华侨华人文化事业的重要组成部分，海外华文传媒具有地理及心理上接近的优势，在向国外民众更好地传达中国的真实信息，从而塑造中国的良好形象方面具有不可替代的作用。"②在一些重大事件的报道上，海外华文媒体可以给予正面和全面的报道，有助于在华侨华人及其他群体心目中树立和维护中国国家形象。

在Radio We的节目中，新闻类占据核心位置，在报道中国重要会议、事件如两会、G20等时，Radio We都会与中央广播电视总台意大利语部共同策划合作，起到了传递"中国好声音""中国新形象"的积极作用。

意大利电视台IENE曾播出针对华人"黑车"的暗访节目，在当地社会产生了巨大争议。就在该电视节目播出的第二日，华夏之声中文台在晚间互动节目中与意大利听众就这一热点问题进行直播互动，听众反馈强烈，发出了来自华侨华人社会的"不同声音"和"不同意见"。

三、助推中国文化"走出去"，助力中国软实力建设

自1990年美国教授约瑟夫·奈首次提出"软实力"（Soft Power）概念后，"软实力"逐渐被接受并认可，成为国家意识形态建设、国家形象和综合实力

---

① 叶虎：《海外华文传媒与中国国家形象塑造》，《当代亚太》2010年第2期，第136页。
② 同上，第140页。

中国语言文化在海外华侨华人社会中的传播研究——基于对意大利华侨华人社会的考察

The Research on the Function of Transmission of Chinese Language and Culture among Overseas Chinese
—Research of Overseas Chinese Community in Italy

的重要衡量标准及发展目标。《文化软实力蓝皮书：中国文化软实力研究报告（2010）》显示，在美国文化市场中，美国占43%的份额，除日本、澳大利亚外，包括中国在内的其他亚太国家仅占4%，体现了中国文化软实力同其他发达国家存在的差距，我国仍处于起步落后阶段。

华文媒体兼具媒体软实力和文化软实力属性，两者皆是国家软实力的重要组成部分。作为我国国内媒体在国外的延伸，海外华文传媒扎根海外多年，熟悉当地的政治、经济、社会环境和文化习俗，兼具中华文化的特色与西方文明的特质，无疑是中国文化走向世界的良好平台和海外重要的文化交流渠道，[①]海外华文媒体已经成为当地多元文化的重要组成部分以及中国文化"走出去"的重要助推力量。比如马来西亚的《星洲日报》，每年都要举办200多项传播中华文化的活动，并设置"花踪世界华文文学奖"，以此推动世界华文文学的发展。[②]《法国侨报》在巴黎坚持办中文培训班，印尼的《坤甸日报》一直实行"报校合一"，在发行报纸的同时兴办华文学校，提高当地华侨华人第二代、第三代的中国语言能力，传承中华文化。[③]

意大利华文媒体经常受邀报道中意重要新闻事件或者文化活动，比如华夏之声受邀参加报道中意女子水球国家队友谊赛、欧华信息网现场报道普拉托华侨华人龙舟赛盛况等。意大利华夏之声中文台还在自己的节目单中开设"温州鼓词"栏目，时长45分钟，将地方曲艺这一传统文化在意大利展现，在异乡听"乡音"，具有浓厚的地方文化特色。

四、集合现代传播技术做好国际传播

国际电信联盟（ITU）发布的数据显示，2016年末，全球网民数量突破35亿，占世界人口的47%。中国互联网络信息中心（CNNIC）发布了2017年度的《中国互联网络发展状况统计报告》，报告显示，截至2017年6月，我国网民规模达到7.51

---

①彭伟步、焦彦晨：《海外华文传媒的文化影响力与中国文化软实力的建设》，《新闻界》2011年第5期，第124页。

②同上，第125页。

③刘康杰、李绮岚：《"融""承""传"——社交媒体时代海外华文传媒的"变"与"不变"》，《对外传播》2017年第2期，第75页。

亿，手机网民规模则达7.24亿。网民中使用手机上网的比例由2016年底的95.1%提升至96.3%，手机上网比例持续提升。此外，中国网络新闻用户规模为6.25亿，半年增长率为1.7%，网民使用比例为83.1%。其中，手机网络新闻用户规模达到5.96亿，占手机网民的82.4%，半年增长率为4.4%。网络新闻服务形式已经从早期的以采编分发为主的自主传播模式转化到以用户资讯需求为主的资讯平台供给模式。①中国的互联网环境和网络新闻服务现状可以折射出世界媒体传播大环境，网络传播构架出一个全方位打破时间和空间的传播结构，这为海外华文媒体提出一个迫在眉睫的命题——如何高效利用现代传播技术，在媒体传播新环境下生存发展并向国际传播？

以互联网和手机为代表的移动终端让海外华文媒体在原有大众传播的传播类型上伴随着传播技术的更新，衍生出网络传播等新类型，极大地拓宽了传播受众范围，又因为自媒体的发展，海外华文媒体新生了很多个性化特点，让受众成为传播者。

关于国际传播，广义上界定为跨越国界的大众传播和人际传播；狭义的国际传播特指跨越国界的大众传播，即主要依靠大众传播媒介进行的跨越国界的信息传播。②

当前，在意大利有着数量众多的华文微信公众平台，比如"意大利新华联合时报""意大利华人街Italy""欧华联合时报""新欧洲侨报""泛欧资讯""欧华头条"等等。在新媒体时代，简易化操作、便捷化程序、全球化覆盖的传播技术让这些华文媒体得以进行国际传播。

五、增进同祖籍国的情感和身份认同，提升归属感

海外华文媒体维护华人社区稳定、团结和发展方面的积极作用被大部分学者认可。以美国为例，根据2011年新美国媒体（New American Media）的调查，"约80%的华裔经常阅读华文报纸，25%的华裔收看华语电视的时间多于收看英文电视"。③

在海外的文化环境中，移民对本国相关信息的获取往往十分有限。这样的信

①《互联网年度报告：全国网民人数约7.51亿 4亿人玩游戏》，新浪网，2017年8月4日，http://finance.sina.com.cn/roll/2017-08-04/doc-ifyiswpt5403664.shtml。
②程曼丽、王维佳：《对外传播及其效果研究》，北京大学出版社2011年版，第3页。
③刘琛：《海外华文华文媒体的现状和未来》，《对外传播》2015年第10期，第7页。

中国语言文化在海外华侨华人社会中的传播研究——基于对意大利华侨华人社会的考察

The Research on the Function of Transmission of Chinese Language and Culture among Overseas Chinese
—Research of Overseas Chinese Community in Italy

息消费仍然是他们争取自我身份认同和寻求归宿感的有效手段，并以此作为他们与母国的文化连接。他们不仅是连接各个独立个体的纽带，也在传播信息的同时，不断强化其母国的经济文化影响。①

意大利众多华文媒体实时更新报道国内关于华侨华人的新政策、新举措和新变化，让海外华侨华人及时感知了解祖籍国对他们的关心。比如2018年9月30日，浙江省十三届人大常委会第五次会议通过了《浙江省华侨权益保护条例》，对华侨权益保护的重要方面进行了较为系统的规定，该条例将于2018年12月1日起施行。由于在意大利生活着众多浙江籍的华侨华人，意大利华文媒体纷纷对此进行专题报道和详细解读，吸引了大量华侨华人的关注和反馈，并让海外华侨华人充满了身份认同感与归属感。

第六节 意大利华文媒体面临的困境和挑战

有人将如今的媒体世界定义为"后大众传媒时代"或"智媒时代"。2018年7月23日，华声晨报社社长康定有在由华声晨报社主办的首届智媒时代的海外华文媒体产业高峰论坛上指出："在纸媒时代，华文媒体的短板十分明显，比如只能在华人社区发行，当地人由于不懂中文，所以基本不会关注华文媒体。而华文媒体由于资金等各种原因，信息源单一，制约了自身的发展。传统资讯产业已经不能满足社会需求，每一个华文媒体所处的国家，都将成为大数据的一部分，所以华媒产业的影响力将大大提高。"②这段话表现出，在当今媒体格局和技术不断更迭的情况下，传统华文媒体包括意大利华文媒体正面临严峻的媒体技术、受众分流等挑战，意大利华文媒体若想得更好地在传播中国语言与文化上发挥自身作用，便需跨媒体、跨界进行平台融合。

一、新媒体环境带来的冲击

"新媒体"是一个通俗的说法，对其严谨的表述是"数字化互动式新媒

---

① 方玲玲：《全球化背景下移民传媒的文化建构作用与生存空间——基于传播人种学的角度》，《新闻与传播研究》第13卷第2期，第17页。
② 《头条时间-智媒时代华文媒体迎来新格局》，中国新闻网，2018年7月26日，http://www.ah.chinanews.com/news/2018/0726/134438.shtml。

体"。中国人民大学新闻学院教授匡文波将新媒体与传统媒体相比较,认为新媒体具有即时性、开放性、个性化、分众性、信息的海量性、低成本全球传播、检索便捷、融合性等特征,但是新媒体的本质特征为数字化和互动性。[①]

随着电子互联网技术的发展,传统华文媒体向网站媒体转型的趋势日渐显现,依托互联网技术产生的新型传媒平台不断涌现,不少新媒体在创办时直接定位为网络媒体,发展趋势较为迅猛。这种形势改变了传统海外华文媒体独占市场的局面,出现了更多针对海外华语受众细分市场的专门化媒体平台。华文网络传媒在当前新媒体迅猛发展的背景下异军突起,对传统华文传媒造成强烈冲击。

2005年7月14日,欧洲华人网络电视台创立,将中国中央电视台新闻频道等传输并覆盖至整个欧洲和世界其他地区,使海外华人拥有一个新的舆论媒体和网络影视平台。从当前海外华文新媒体的发展趋势来看,媒体融合已成为华文传媒今后发展的必然趋势。

二、原创性内容占比少,同质化竞争严重

在媒体兴盛、信息泛滥的今天,传媒可以被简化为两种不同的传递过程:上传与下载。到底是刻意为信息海洋上传原生态信息,提供高附加值的个性化信息,还是一味地从信息海洋中无限下载二手信息,重复制造垃圾信息,浪费读者的时间、精力和财力——这两种不同的选择,应该成为信息时代媒体自我鉴别的标准和分水岭。在不久的将来,海外华语网络媒体将形成综合性平台,囊括报纸、电视、手机、网络于一体,打造出适应新时代新受众需求的媒体航母。

当前,在中国境外创办的华文网站不计其数,有影响力的主要有:英国的留园网,美国的文学城,加拿大的万维读者网、博园网,新加坡的狮城网、心雨论坛等。这些华文网站主要由留学生创办,也有部分由传统媒体创办。留学生创办的网站时效性强,新闻量大,内容多样化且较注重差异化,在新闻资讯的独特性上下了不少功夫。这些网站会刊登一些独特的观点和评述,以及海外和中国国内每日发生的新闻和评论,全面且有深度,贴近海外留学生的生活,受到留学生和新移民的欢迎,也为人们了解海外华人的生活提供了一个渠道。这对以转载或者

---

① 匡文波:《新媒体概论》,中国人民大学出版社2012年版,第4页。

翻译其他媒体稿件的意大利华文媒体来说导致了重要的阅读者或者关注者流失。媒体不论是传统媒体还是新媒体，始终要以"内容为王"。

三、缺少专业化采编队伍

意大利华文媒体采编队伍大多为非专业人员，其中不少为兼职状态：一些华人社团或者华商投资华文媒体，其社团成员或企业员工充当媒体记者和编辑的角色，直接导致部分稿件成为社团或者企业的活动宣传稿件；另外一部分采编人群为留学生，流动性大，缺乏对当地华侨华人社会和意大利社会的深入了解，在媒体稿件选题、编辑等方面存在薄弱面。随着自媒体、新媒体的不断发展，媒体和平台渠道的便利导致很多人开始"便捷化"地扮演采编人员。在意大利乃至欧洲较为宽松的媒体政策环境下，这更是对媒体人员的素养和专业提出了挑战。

《欧华联合时报》通过同温州日报报业集团合作，由国内资深编辑、记者、校对、美编对选题、文字、版式等方面进行成套把关，保障了内容的严谨性和独家性。华文媒体除了借助国内媒体采编人员注入专业化要素，还可通过国内媒体专业院校、媒体集团机构搭建培训平台，提升在意华文媒体从业人员的专业性，以此提升媒体素养和职业水平，直接影响意大利华文媒体整体竞争力和层次。

四、资金缺乏，缺少持续化发展的后盾支撑

华文媒体作为华人所在国的非主流媒体，往往无法得到除了华人社会之外的资源。在海外创办并生存的华文媒体中仅小部分有所盈余，大部分华文媒体处在盈亏平衡点上乃至无法盈利。[1]媒体作为第三产业，经营和发展严重依赖经济大环境。广告收入是华文媒体的首要收入，也有一部分华文媒体则主要依靠赞助维持经营，只有小部分的华文媒体依靠个人捐资作为首要收入。虽然海外华文媒体产品的发行量和影响范围在不断扩大，但由于行业内的激烈竞争，作为首要收入的广告的价格在竞争中被不断压低，这导致华文媒体的收入出现小幅下滑。由于海外华文媒体受所在国华人社区条件限制，生存发展空间有限，经营较难，普遍

---

[1] 郑文标：《海外华文媒体的现状、问题与对策》，《编辑之友》2012年第12期，第51—53页。

都是依靠其他收入或是社团企业的资助来维持,有一部分非营利的公益性质,可以用不同的形式来加强与海外华文媒体之间的联系。比如意大利的《欧华联合时报》由于资金困难,被温州日报报业集团收购控股。

第七节 意大利华文媒体推进中国语言文化传播依赖途径

由意大利《晚邮报》和《共和国报》的两位记者拉斐尔·欧利阿尼(Raffaele Oriani)和李卡多·斯达亚诺(Riccardo Stagliano)合著的《不死的中国人》一书,深刻描绘了在意华侨华人移民中复杂的地方语言使用情况:"他们相差几十公里就彼此听不懂了,更别说我们在世界的另一边了。"[1]意大利华文媒体便为四处"乡音"的当地华侨华人语言文化学习及使用提供了一个有效渠道。

对于海外华文媒体自身而言,如何在全球化挑战中保持自身的文化优势,如何获得更多持续发展的动力,是媒体生存至关重要的问题。随着20世纪90年代意大利华侨华人数量的日益增多,意大利华文报纸开始出现,并迅速发展起来。意大利华文报纸的历史较短,发展轨迹较清晰,但是它面临的生存与发展困境也是显而易见的。[2]《文化建设蓝皮书:中国文化发展报告(2015~2016)》指出,随着经济和社会的迅速发展,中国媒体也面临转型的问题。在此背景下,媒体自身必须与时俱进,力求在文化传播中体现时代的脉搏,同时将主流价值观传递给受众,引导社会舆论。中国媒体当下面对的困难挑战和肩负的时代责任与包括意大利华文媒体在内的海外华文媒体一样,需要共思考。

一、利用多媒体平台,向海外中文学习者和外国用户提供精品内容

目前,全球已有146个国家和地区建立了525所孔子学院和1113个中小学孔子课堂。2017年,各国孔子学院和课堂各类学员总数232万人,举办各类文化活动吸引受众1272万人次。可见,一股"中文热"正席卷世界各地,中国语言文化传

---

① 拉斐尔·欧利阿尼、李卡多·斯达亚诺著,邓京红译:《不死的中国人》,社会科学文献出版社2011年版,第34页。
② 尧雪莲:《意大利华文报纸发展的现状及改进策略》,《传媒》2014年第6期,第57-58页。

中国语言文化在海外华侨华人社会中的传播研究——基于对意大利华侨华人社会的考察

The Research on the Function of Transmission of Chinese Language and Culture among Overseas Chinese
—Research of Overseas Chinese Community in Italy

播不仅面向海外华侨华人，也面向外国学习者。近20年来，海外华文媒体发展很快，其数量、质量、地域分布及社会影响均超过历史上任何一个时期。在经济全球化和新技术革命持续发展的推动下，整个世界传媒业正在不断进行变革与重组。对全球传媒业界来说，引起更多人关注的还是传统媒体如何应对新媒体的挑战的问题。华文网络的出现，帮助华文传统媒体重组媒体架构，推动华文媒体改革，提高信息资源的利用效率，促成了一个立体化、多层次、跨媒体和全球化的华文传播网络。意大利华文媒体需要借鉴参考国际或者国内成功转型的新媒体发展路径，为自身转型发展设计模式，提高转型发展的成功率和可行性，如旗下拥有多家华文报刊和网站的新加坡新传媒集团抓住媒体融合的发展趋势，重点发展新媒体传播领域，并根据新媒体的特点在业务上进行改革和创新，目前已逐步建立起跨媒体和全球化的传播网络。

以微博、微信公众号、手机APP等形式为代表的新媒体平台打破了传统媒体如纸媒在地域、受众等方面的限制，具有信息传达速度快、覆盖面广、内容更新频率快、与受众互动渠道增多以及受众用户可参与新闻内容生产等明显优势，意大利华文媒体可集合这些新媒体的优势条件，整合信息源和多种媒体渠道，开发符合当下华人华侨年轻群体及外国中国语言文化学习者阅读习惯、内容偏好等内容，比如双语内容传播、视频直播、评论留言区及互动渠道设置等，来增加意大利华文媒体的受众面，将中国语言文化传播的形式表现得更为生动和多元化。多元化媒体类型的最直接效果就是受众覆盖面的最大化。在海外，因为华人获取信息渠道、接触媒介手段的不同，受众群有时候会被不同媒体割裂，例如有一部分主要收听广播，有一部分主要收看电视，还有一部分主要阅读纸媒。在海外多元化社会中，虽然华人是一个相对独立的族群，但语言是唯一的纽带。因此，多元化媒体类型是实现受众覆盖面最大的重要保障。此外，集约式的多元内容渠道也增强了对主流社会的影响力和吸引力。如果可以整合报纸、广播、电视等多个资源，形成一个由平面到立体的全方位媒体资源，这会对受众产生巨大的吸引力，将受众牢牢吸附。多渠道的媒体能把信息最有效地传达给所有观众。

世界报业大会呼吁同业在新技术革命面前要激情拥抱新媒体，通过报纸与网络、手机等新兴媒体的结合，实现"1＋1＝3"的效果。因此，需要利用现有的可扩展技术平台，增加多媒体互动元素，如视频、动画、音频等，打造一个多元化的全功能综合媒体、与读者的互动平台和企业的销售平台，提供唯我独有的个性化信息内容打造数字化综合媒体平台，把华人社会的信息、动态、趋势源源不断地传送给中国和世界。

二、拓展多渠道，转型为多元化经营

对于海外华语媒体来说，需要面对的一个不小的挑战就是如何充分发挥媒体力量，使之成为祖籍国和入籍国主流社会互动沟通的主要桥梁，同时致力于帮助移民下一代掌握中华文化和语言。而为了实现这一目标，尤其是在激烈的媒体竞争中赢得生存、发展的空间，媒体多元化的经营将成为其出路。[1]这种多元化的经营主要表现为节目来源多元化、盈利模式多元化、受众多元化开拓等。

节目来源的多元化，主要是在一个渠道内引进来自自己区域范围外的节目，这样一方面固然可以丰富所播出的节目内容，另一方面也可以让来自不同地区的华人相互了解，增进华人圈的融合与和谐，提供相互认知和了解的平台，拓宽沟通的渠道。

盈利模式多元化是指在持续发展媒体本身获得的盈利外，还在广告、培训、演出以及其他活动等方面广开"财源"。例如提供广告代理服务，在广告制作和经营方面为媒体带来收益或者成立演艺训练中心，又或者举行其他活动，有效实现盈利模式的多元化。传媒竞争力所体现的产业（市场）面越宽，其竞争力就越强。媒介进行多元化策略有助于提升其竞争力，要在相关产业、延伸产业方面有实质性的发展，形成一种多元开发的有效产业链，创造除广告之外的经济增长空间，从而降低媒介的盈利风险。

此外，海外华文媒体还可以拓宽自己的受众范围，将信息传播和节目投放范围延伸到其他华人区域、反射回祖籍国或者融入其他少数族裔群体中。虽然需要照顾不同群体的诉求，但是融合是趋势，多元运作则是掌握先机。通过为其他族裔提供节目，一方面可以增加商机，另一方面也可以扩大华语媒体以及华人的影响力，在

---

①李宇：《海外华文传媒:多元经营多重收益——由新西兰中华电视网的运营谈起》，《传媒》2008年第4期，第59-60页。

中国语言文化在海外华侨华人社会中的传播研究——基于对意大利华侨华人社会的考察

The Research on the Function of Transmission of Chinese Language and Culture among Overseas Chinese
—Research of Overseas Chinese Community in Italy

大多数华人以及其他族裔受众中建立自己的传媒品牌。多元化策略对于海内外的华文媒体来说，是可供参考的经营思路和模式。

三、联动中意，寻得国内支持

对祖籍国而言，海外华文传媒是国内媒体在国外的延伸，对祖国始终具有向心力，有助于中华民族传统的海外传播和中国国际影响力的扩大。海外华文媒体正日益成为传播中国语言和文化的主要阵地。从某种意义上说，海外华文媒体是一种比学校教育更自然、更情景化的学习华文或华语的平台。通过媒体的专栏、网站、频道等获得语言学习范本的同时，还可以潜移默化感受文化的熏陶和内涵。只有更好地帮助和扶植这些海外华文媒体，才能让这些海外媒体为推动中国文化"走出去"发挥重要的舆论作用。

（一）培养和支持一批对华友好的意大利华文媒体

海外华文媒体是除了中国主流对外媒体之外最为重要的国际舆论平台。然而作为少数族裔媒体，海外华文媒体在所在国媒体中仍然是特别小众的媒体，相对于媒体产品的制作成本来看，受众人数的数量是制约其扩大经营的主要因素。从某种程度上来说，华文媒体与海外华校一样，带有一种服务于社群的公益性质，因而从经济角度上看，大部分靠广告收入和赞助维持的媒体，或多或少存在经营上的困难甚至可能因此结束传媒事业。

在中国对外文化宣传战略中，单单依靠中国媒体走出国门，或者依赖国外媒体，或者自己到外国办报，都是行不通的，这只是政府行为，不符合市场规律。应该在各地选择一些初具规模、对华友好、在当地有影响力的海外华文媒体加以扶持，让他们做大做强，这样才能在海外打造具有中国概念的强势媒体。这样投入少，效果大，也能形成良性的造血机能，不会白白浪费国家每年数以千万的外宣经费。因此，如果能够有针对性地对一部分亲近祖国并以弘扬中华文化为己任的海外华文媒体加以培养和扶持，这些媒体势必能成为中国对外传播阵营中强有力的助力。然而直接注资或给予经济支持都存在外交上的风险，在直接介入华文媒体事务的问题上应该采用更加灵活的方式。有专家提议中国政府可以承担牵线搭桥的角色，增加华文媒体的广告收入，包括与国内媒体牵线，鼓励国内媒体与海外媒体合作；与国内地方政府联系，让海外传媒为地方外宣服务，以广告的形式刊登招商信息或华人政策信息；与国内的广告资源联系，增加华文媒体的经费来源等。通过政府的牵线搭桥，促进国际性交流平台的构建，建立沟通渠道，提供技术、信息咨询与培训等。

祖国信息进一步增加，意识形态色彩转淡。大量新移民到了海外，他们求学经商的目的十分明确，对国内实时信息非常渴求。随着来华投资成为热点，祖籍国的政经情况更为新一代海外华人所关注。许多意大利华文媒体开辟了中国要闻栏目，一些以经济报道为主的报刊应运而生。建立意大利华文媒体与国内媒体的合作平台，向有影响力的海外媒体推荐并联系国内广告资源，介绍各省市发展、招商、旅游的专题版面，以此增加华文媒体的经费来源和各省市在海外的宣传需要。一方面是国内招商信息的传递，一方面又扶持了海外华文媒体，是一种双赢的策略。

（二）积极推进意大利华文媒体与国内媒体交流合作

除了在经济和政策上的支持外，应该积极搭建在意华文媒体与国内媒体交流合作的互动平台，如从文化的角度开展对华文媒体的支持工作，组织各类华文媒体相互开展活动和合作等。国内的媒体可以向海外同行介绍国内媒体的工作经验和对华文传媒的专业意见，帮助海外同行在专业人才培养、新闻采编、节目制作等方面提升专业水准等，构建交流平台，建立沟通渠道，提供技术、信息咨询与培训等，关注和帮助海外华文媒体在全媒体时代的转型，推动海外华文媒体进一步拓展生存和发展空间。以泰国的《星暹日报》为例，为了在社交媒体时代的全新发展，该报董事长深入调查后，主动提出与中国《南方日报》报业集团进行资本合作，南方报业集团不仅注资入股，还在2016年3月派出管理、采编团队改造该报。2016年11月5日，双方正式签约并发行新的报纸。[1]又比如中新社2016年加大供给海外专版的力量，全面对外提供专版9万个，主要用户是海外华媒。[2]

海外各类华侨华人组织扎根于华侨华人群体，专注于特定行业领域，面向更广泛的社会事务，可以说，华侨华人组织的发展对更加频繁的国际协作与联系提

---

① 刘康杰、李绮岚：《"融""承""传"——社交媒体时代海外华文传媒的"变"与"不变"》，《对外传播》2017年第2期，第74-75页。
② 同上。

中国语言文化在海外华侨华人社会中的传播研究——基于对意大利华侨华人社会的考察

The Research on the Function of Transmission of Chinese Language and Culture among Overseas Chinese
—Research of Overseas Chinese Community in Italy

出了要求，需要获得各方面社会力量的支持。政府应成为这些公共服务的提供者，促成海外各类华侨华人组织与国内相关行业、部门等合作交流，比如促进海内外媒体联合制作节目、共同举办活动，促进海外华文学校在教育国际化事业上大展拳脚，促进国内外相关专业协会拓展业务交流等。相关职能部门，比如侨办、侨联、文联及各中华文化学院等应广泛展开合作，组织各种以中国文化"走出去"为主题的座谈会、培训班等，通过对海外各相关机构负责人、各地区侨领及其他有关人员展开政策的解读、引导，使海外华侨华人了解到中国文化"走出去"的意义与商机，使海外华侨华人具备传播中华文化的使命感及传播中华文化的意识，不断提高各有关人员自发在海外通过各种形式传播中华文化的主动性。

海内外媒体共享资源、共建平台、共谋发展，既能加强同海外华侨华人的联系，又能实现我国文化产品在海外平台的输出，团结全球华侨华人，形成全球华侨华人的舆论声势，进而有效地影响世界舆论。

（三）加强华文媒体的语言教育功能

汉语全球推广普及是我国国际传播战略中的一项重要工作。目前，我国通过媒体创作各种形式的节目来促进文化自觉，如在世界各地开办孔子学院等形式推广汉语，并每年组织在华留学生汉语大赛，打造"汉语桥"品牌，均收到了很好的效果。还可通过媒体创作各种形式的节目来达到文化自觉。华文媒体根据各自的媒体特点和当地的政治文化背景，通过各种方式传播中华文化，这些方式比起过去更加灵活、生动，更加有针对性，而且文化内涵更加深厚。华文媒体的文化传播受当地环境和特定的历史背景的制约和影响，但它又具有推动力，对短期社会舆论的引导和长期的社会人文价值观的形成具有重大而又深远的影响。中华文化需要媒介的传递，促使媒介在特定的社会环境和历史背景中，发挥媒介的教育功能，推广汉语和宣传中华文化。

中国政府设立了面向外国留学生的各类奖学金，据统计，每年有约4500名意大利学生或其他行业人士到中国学习汉语及其他各类专业课程，体验中国文化。值得一提的是，2016年9月，意大利教育部正式颁布了《适合全意高中汉语文化教学实际的国别化大纲》。这一汉语文化教学大纲的出台，不仅为全意大利范围内的汉语文化教学提供了指导性意见和规范化要求，更标志着汉语文化教育首次纳入意大利国民教育体系。Fondazione Intercultura基金会的一份调查报告表明，目前，意大利约有8%的学校（279所）已开设中文课程，高中学校占比74%，约1.7万名意大利学生在学习中文。伦巴第大区约11%的学校都开设了中文课程。目前，汉语教学已经在意大利20个大区实现了全覆盖，意大利不少学校将中文课程设置为高中毕业考试科目。意大利作为海外华人华侨主要的移民国和聚居地，当地的孔子学院、华文学校、汉语课堂及意大利政府出台的一系列政策都营造了良好的中国语言文化学习大环境。

在意大利华人社会中，要整合资源积极利用华语媒体的推广来传播中华语言文化，鼓励华侨华人子孙掌握汉语。一方面，不少华人担心在海外"本土出生"的华侨华人子孙逐渐丧失中文语言能力；另一方面，这也是在海外传承中华文化、提高民族地位的需要。正是基于这样的责任，许多华文媒体和华人学校、社团开展了各式各样的活动。例如在澳大利亚，鉴于许多华侨华人父母担心子女失去对中文的兴趣，澳大利亚翡翠互动台每年都会举办中文作文比赛、中文歌曲比赛，颇受家长欢迎。因此，今后可以把汉语全球推广普及工作纳入意大利华文媒体工作的重要内容，联合国家汉语国际推广领导小组办公室等主管机构和海外孔子学院华文学校等办学机构，聚合大家的力量，每年在意大利举办各具特色、形式多样、有一定规模和声势的"汉语比赛"等活动，同时加大对海外汉语教材、电视教学节目的支持、输出力度，激发意大利当地华人以及外国居民学习汉语的热情。

大量华人华侨的存在，是海外华文媒体存在的前提条件。中华民族文化的特质和族群对本民族文化的认同，是维系这些受众群的重要因素。然而随着全球化媒介融合，华人创办或经营电视台的目标受众定位日益拓展，不再局限于使用华语的华人受众，开始转向非华语受众，包括习惯于外语交流的华裔后代。而一些由外国人直接投资的华语传媒，也将媒介作为对外传播中华文化的平台，借助中华文化的魅力，引进国内优秀的节目，配以中英文字幕，吸引对中华文化感兴趣但不懂华语的当地受众。比如为华语连续剧配上英文字幕，可以让华人家庭中正在成长的第二、三代青少年有机会和父母一起看电视。随着中国国家实力的增强，国际社会地位的提升，越来越多的外国人开始学习中文，海外华文媒体正是这些热衷于华文的外语人士认识中国的窗口。从整体上而言，海外华文媒体新的受众群仍在不断扩大。

中国语言文化在海外华侨华人社会中的传播研究——基于对意大利华侨华人社会的考察

The Research on the Function of Transmission of Chinese Language and Culture among Overseas Chinese
—Research of Overseas Chinese Community in Italy

总而言之，意大利华文传媒要与时俱进，集合华侨华人、国内政府及媒体、当地政府及媒体等力量，构建自身建设和发展的核心化、持续化、创新化资源，补给意大利华文媒体转型成长能量动力，融入世界媒体发展的行列。

（四）遵循"内容为王"，做到"信息+服务"

华语媒体发表的资讯，都是站在华人的社会位置，以独特的华人视角去审视全球最新最热的政治、经济、文化的动态并对这些资讯提出符合自身群体利益的看法。华语媒体因为其自身性质，方便采编和收集所在国方方面面的信息和资讯，并通过编辑整理和长期在海外的生活实践，传播适应华人社会的信息和内容，报道当地主流社会新闻，帮助当地华人了解并融入当地主流社会。这些媒体讯息集中代表了华侨华人对社会发展方方面面的见解，方便所在地政府通过阅读和浏览华文媒体，了解当地华侨华人。意大利华文媒体根据意大利当地媒体的受众认知和阅读习惯传播华侨华人信息，可以让当地更全面深入地了解华侨华人群体，塑造华侨华人新时期新形象，打造中国新国际形象。

从政治经济传播学的三要素——商品化、空间化和结构化来考虑，海外华文媒体是一种特殊的商品，年轻移民及新移民受众成为海外华文媒体需要关注的潜在受众。根据全球化智库、中国西南财经大学和中国社会科学院联合发布的《中国留学生发展报告（2017）》，中国留学生在2016年出国人数达到54.45万人，同比增长3.97%，连续保持全球第一。[①]年轻化、高学历的留学生群体和新移民群体对海外华文媒体的形式及内容提出挑战，如何吸引"80后""90后"甚至"00后"成为海外华文媒体的"粉丝"，成为获得生存发展的要诀。

媒体商品化的特殊环境要求意大利华文媒体要具备全球视野和竞争意识，遵循"内容为王"的竞争标准，除了在形式平台上贴近年轻群体等受众外，还要专注内容生产。此外，"内容融合"也是创新意大利华文媒体信息服务功能的一项举措。海外华文媒体除了通过APP等手机终端为受众提供信息资讯之外，可增添留学、签证、天气预报、文化活动、网上课程、翻译等服务内容，以"信息+服务"为捆绑式集合模式，代替以往传统媒体的单一化、扁平化的传播及经营模式，丰富内容生产。

---

① 《中国留学生发展报告（2017）》，搜狐网，2018年1月10日，http://www.sohu.com/a/215658699_114018。

第五章
意大利华人社团在中国语言文化传播中的作用

　　华侨华人社团，是早期移居国外的华侨为了团结互助，联络感情，共谋生存与发展，以血缘宗亲、地缘同乡、业缘同行为纽带，自发建立起来的互助联谊与自治的社会组织形式。[①]

　　华侨华人社团的产生有其深刻的历史、社会、文化背景。社团促进了华侨华人社会的形成和发展，是华侨华人社会的核心和缩影，是传播和弘扬中华传统文化的主体，也是促进文化交流的倡导者与组织者，更是沟通华侨华人社会与所在国政府、沟通祖籍国与所在国政府和人民友好往来的文化使者。

　　伴随着中国新移民成为海外各国华侨华人的主体力量，参与华人社团的人群急剧膨胀，华人社团规模和数量也日新月异，主要分为以祖籍国来源地为主要形式的地缘性社团、以行业为主要内容的行业社团、以地区为单位的区域性社团。这些迅速发展的华人社团，是海外华人社会与政治需求的产物。华人社团的广泛存在，发挥了维系祖国情感、传播中国文化、沟通华人网络、维护合法权益的重要社会功能。

　　华侨华人社团的文化功能具有内外两种效应和对外对内两个方向。[②]所谓的内的效应，是指组织内部的教育，外的效应则指组织所在周围的效应。由此可见，内部的文化应该是同质的文化，华人社团的主要功能应是强化已有观念；对组织外的染化效应是华人社团在当地如何处理文化冲突与文化融合，进而达到与异质

[①]谢成佳：《对华侨华人社团的几点认识》，《华人历史研究》2002年第9期，第23页。
[②]马文利：《民国时期东南亚华侨华人社团文化传播初探——以抗战为中心的考察》，延安大学硕士学位论文，2009年。

中国语言文化在海外华侨华人社会中的传播研究——基于对意大利华侨华人社会的考察

The Research on the Function of Transmission of Chinese Language and Culture among Overseas Chinese
—Research of Overseas Chinese Community in Italy

文化相互并存之目的。

浙籍华社组织庞大，关系网全面。华商网络则是浙籍海外华侨华人社团的重要组成部分，在沟通信息、维护权益、规范行为、提供服务等方面扮演了重要角色。社团作为中华文化传播的主阵地之一，发挥着巨大作用。

第一节 意大利华人社团概况

据统计，目前由浙籍华侨华人为主或以浙籍华侨华人为主要骨干的海外社团有735个，分布在68个国家和地区。截至2015年12月，意大利全境共生活着33万多华人，其中70%是从浙江温州走出来的第一代和第二代移民。[1]意大利的华人社团数量多，具体数目难以统计，有些是官方认可的，也有一些还处于"地下"状态。在意大利北部的伦巴第大区，与皮埃蒙特、艾米利亚—罗马涅、威尼托、特伦蒂诺—上阿迪杰4个大区接壤，下辖11个省，面积约2.39万平方公里，总人口约912万，仅伦巴第地区就有侨团20余个，主要集中在米兰市（13个），其余主要城市均分布1—2个。需要特别说明的是，本书所指的"华人社团"，特指非谋利性的社会团体，包括各种宗教团体、宗亲会、乡亲会、校友会、文化及慈善团体，[2]还包括帮派会馆、教育社团。[3]随着意大利二代中国移民的数目增长，入籍的华人越来越多，"华人"概念已经逐渐取代"华侨"概念，泛指海外中国移民及其后裔。

意大利华人社团具有悠久的历史和光荣传统，最早诞生的米兰华侨华人工商会建于1946年，曾在支持新中国建设、推动中意邦交正常化、维护华人尊严的特殊历史时期发挥了极其重要的作用。中国改革开放后，随着意大利华侨华人数量的不断增加，意大利华人社团进入了飞速发展的黄金时期。根据笔者的整理，有据可查的有200多个，实际数字远远多于这个数目。这些社团都是非营利性机构，按协会特点区分，可归为以下几个类型：

---

①许丹丹、白旸：《1个1.5代意大利华人的中国守望》，中国日报网，2017年5月9日，http://cnews.chinadaily.com.cn/2017-05/09/content_29272714.htm。

②康晓丽：《"一带一路"建设中提高福建对外开放水平研究》，《厦门特区党校专报》2017年第2期，第57-65页。

③贾益民：《华文教育概论》，暨南大学出版社2012年版。

一、祖籍国来源地社团

如意大利南部文成同乡总会、意大利青田同乡总会、罗马浙江华侨华人联谊会、意大利上海联谊总会、意大利南部瑞安同乡会、意大利福建华侨华人联谊总会、意大利东北四省华侨华人联合总会、米兰浙江华侨华人联谊会等。

二、所在国区域性社团

此类社团以意大利某一个区或者某一个城市为名，功能上以服务该区或该城华人为主。有皮埃蒙特大区华人移民协会、佛罗伦萨华人华侨联合总会、西西里岛巴勒莫华侨华人联谊会、旅意北部瑞安同乡会、都灵华侨华人联谊会等。

三、综合性社团

综合性社团有以下特点：其成员既没有来源地限制，也没有职业划分，所组织的活动也非单一、定向、专业的，而是多样的；其服务范围也比较广，面向全意大利华侨，其功能表现综合化。这类社团大多较为活跃，与其他类型社团之间的联系与合作也比较广泛。[①]较为著名的是意大利罗马华侨华人联合总会，成立于1998年1月，是罗马地区也是整个意大利乃至欧洲较大的华侨华人团体，联合总会致力于与中国各地开展经济、贸易、文化、教育及侨务活动的交流与合作。据不完全统计，截至2015年，联合总会共促成和实现了120多个包括政府、企业与人民团体的经贸、科技、教育、文艺、旅游等团体的互访，并努力帮助各地开展大型基础设施建设。在1999年5月，意大利罗马华侨华人联合总会在首都罗马参与了强烈谴责以美国为首的北约对中国驻南联盟大使馆进行轰炸的游行抗议活动，这是意大利历史上华人社团组织的第一次游行抗议活动，引起了意大利各界的关注。[②]

---

① 高伟浓、徐珊珊：《巴西华人社团的类型及发展特色——以20世纪80年代之后成立的社团为主》，《八桂侨刊》2013年第2期，第49页。
② 《意大利罗马华侨华人联合总会》，中央统战部网站，2009年3月26日，http://www.zytzb.gov.cn/tzb2010/shetuanjinajie/200911/574112.shtml。

中国语言文化在海外华侨华人社会中的传播研究——基于对意大利华侨华人社会的考察

The Research on the Function of Transmission of Chinese Language and Culture among Overseas Chinese
—Research of Overseas Chinese Community in Italy

四、商业社团

该社团具有区域属性，商业特征明显。如罗马华侨华人贸易总会、罗马温州工商总会、意大利华商总会、意大利（中国）鞋业商会、罗马华侨华人饮食行业协会、意大利企业联盟华人联合会、威尼斯华侨华人企业家联合总会、普拉托华商会、艾米利亚华商联合会、巴里华侨华人商会、意大利北部华侨华人经贸总会、那不勒斯华侨华人贸易总会、撒丁岛华侨华人商会等。

五、专业性社团

指以某一专业为服务范围而组成的社团，所组织与举办的活动具有鲜明的特色，服务对象面向全侨乃至全社会，此类社团以文化、教育、中外交流为特点居多。如中意青年会、意大利中文学校联合总会、意大利华文教育促进会、罗马华侨华人妇女联谊会、意大利宋庆龄基金会、意大利华侨华人妇女企业联合会、意大利华人会计师联合会等。

六、各类校友建立的社团

这类社团主要是指社团成员具有高度的相似性，成员数量精简，以校友、留学背景为标签。如米兰博士沙龙、意大利浙江大学校友会、意大利中国学生学者联谊会等。

七、华人宗教社团

华人基督徒人数并无确切统计数字，据一位传道人估计，现在意大利约有三四万的华人基督徒，约占华人移民人数的10%。1984年至2016年，已发展出70多个华人基督教会，在欧洲居于榜首。[①]其中，基督教意大利华人教会是意大利华人教会中规模

---

① 曹南来、林黎君：《经济全球化背景下的华人移民基督教：欧洲的案例》，《世界宗教研究》2016年第4期，第149页。

最大、人数最多的华人教会系统，共有50个教会。另一较为著名的是意大利华人天主教团体，在2007年之前，罗马、普拉托、米兰、里米尼等教区已经组建了华人移民天主教，2007年之后，这些团体逐渐合并，形成意大利规模最大的华人天主教团体，该团体教会在意大利全境都设有教区圣堂和专职人员，覆盖了帕多瓦、米兰、罗马、特雷维索、都灵、波罗尼亚、里米尼、普拉托、佛罗伦萨等城市。

八、以开展各类兴趣爱好活动为主的华人社团

比如意大利华人书画协会、意大利乐清华人华侨龙舟队、意大利武术团等。

值得注意的是，意大利华人社团尽管有地缘、乡缘、行业等归属性质，但其服务功能与服务范围并不仅仅局限于某一行业或者某一区域。在社会服务方面，社团之间并无界别隔阂，在推广中国文化与语言上，每个社团都是倡导者和组织者。意大利的华人社团呈现出多样性的发展特点，也表现了意大利华人职业多元化、社会活动多样化的发展趋势。

第二节 意大利华人社团发展特点与趋势

20世纪80年代以来，华人社团进入发展的高峰期，在20世纪末，欧洲的华人社团已达到500多个。[1]到2008年，欧洲华人社团数量已高达800多个。[2]仅在英国就有300多个华人社团，法国有100多家，德国有80多家，荷兰有100多家。近年来，华人社团数量持续增长，社团规模的发展日新月异，意大利的中国移民中，70%以上来自温州和青田，仅温州人在意大利建立的华人社团就有57个。[3]温州人的抱团意识、相互帮助的群体意识和讲义气重情义的性格特点促使海外华人社团从一个普通社会群体演变成多个商业社团。[4]一方面，温州人、青田人爱创业，创

①李明欢：《欧洲华侨华人史》，中国华侨出版社2002年版。
②李明欢：《欧洲华人社会剖析：人口、经济、地位与分化》，《世界民族》2009年第5期，第47页。
③数据来源于温州市外侨办对2017年意大利温州人创办的侨团统计。
④韦丹辉：《20世纪80年代以来青田华侨华人社团职能转型分析》，《丽水学院学报》2017年第6期，第12—19页。

中国语言文化在海外华侨华人社会中的传播研究——基于对意大利华侨华人社会的考察

The Research on the Function of Transmission of Chinese Language and Culture among Overseas Chinese
—Research of Overseas Chinese Community in Italy

业过程中必须抱团，因而创立侨社是必不可少的环节。另一方面，意大利华人要想主动融入当地社会，首先要融入华侨华人社团，通过这个环境才能更好地审视外部大环境，因而华人们创立和参与社团都有着无比的热情。这也不难解释社团数量随着移民数量的增加而大步攀升，成员数量也在剧增的现象。在意大利知名华侨华人社团的会长、副会长中，几乎都有温州人、青田人的身影。

一、侨团类型更加多样化，文化、教育类的社团数量增多，且发展迅速

侨团从宗亲、地缘、业缘向联合型、洲际型、全球型发展，跨界、国际、多样，是意大利海外社团发展的趋势和特点之一。早期，意大利华侨华人经营的传统行业以餐饮、服装皮革、商贸等为主，以此为主的行业社团较多。但近年来，欧洲的中国海外移民的经济结构发生了较大变化，从20世纪70年代多以经营小型中餐馆和东方货店为生的社会底层上升为商务移民、投资移民。数以万计的中国商人通过商务移民的方式来到了意大利，建厂开店，生产服装、鞋帽、小商品，或从事中国商品的批发和零售，逐步发生了由单一的中餐馆和小商品经营到以经营轻工业转口贸易和纺织品、箱包、皮具、小商品的生产与批发业务以及开办超市为主并同时进军建筑业、新能源、物流等领域的经济结构的重大转变。[1]

21世纪以来，在意大利的华人企业进入了快速发展时期，截至2010年年底，意大利华人企业数量已经超过5.4万家，较2009年增长8.5%；在意华人企业自2002年到2010年增长了150%。这些华人企业大多集中于伦巴第大区（10998家）、托斯卡纳大区（10503家）和维内托大区（6343家），除了传统的皮革、鞋类、服装等领域，华人企业也涉及酒店、餐饮等领域。[2]与此同时，华人大型超市规模扩大，开始进军物流行业、新能源行业，中国大型企业也开始进驻意大利。

在欧洲的中国海外移民的经济结构已经发生了重大变化，随着欧洲经济结构从单一化、低层次化转向复杂化、连锁化、多元化，华人社团的性质受到经济结

---

① 宋全成：《中国海外移民在欧洲：规模、特征、问题和前景》，《理论学刊》2013年第11期，第69—73页。

② 韩基韬：《意大利华人企业数量迅速增》，国际在线，2011年8月30日，http://gb.cri.cn/27824/2011/08/30/5311s3354987.htm。

构变化的影响，日趋表现出跨界性、国际化、多样性等特征。

二、意大利华人社团的全球化发展，国际流动性强

随着改革开放的不断深入，对外交流日益频繁，一大批年纪轻、学历高、抱负大的青年学子出国留学、经商，转化成新一代华侨华人，他们有的留在当地发展，有的又到其他国家谋求发展，有的在取得移民身份后又返回国内创业。哪里更适合他们发展，他们就去哪里，目前已形成向发达国家迁徙、求学和发展的趋势，与"落地生根"的早期华侨华人有很大的不同。有学者已经指出，交通与资讯的发达，资本的全球性流动，使得新兴的环球资本主义也随之兴起。这一时期，中国的改革开放、海外华人经济与侨乡的密切联系，以及有利的政治形势都成为海外华人社团迅速大规模国际化的外部环境。中国政府的侨务政策近年来多鼓励内外联动，加强与海外华人的社会、文化和经济联系，温州市政府近年来大力推进"温商回归"等项目，努力打好侨务资源牌，对于海外华人社团活动多持积极肯定态度。这为意大利华人社团的全球化兴起和健康发展提供了良好生长背景。同时，意大利华人社团中侨领年轻化、高素质的特点，促进了社团内部的国际化趋向。侨领中不少人留学于欧美，事业遍布于世界，绝大多数受西方教育，缺乏对侨乡的文化与情感的联系，对华社的各项活动也远远不如其父辈有兴趣，内部治理国际化明显，对于华人社团而言，国际化是一种经济扩展和文化认同的策略。

三、意大利华人社团对华文教育的需求非常迫切

随着中国综合国力和国际地位的不断提升，中华文化对广大华侨、华人的凝聚力和吸引力不断增强。华文教育作为维系华侨华人社会与中国联系的重要纽带，作为提升华侨华人生存发展竞争力和促进所在国与中国开展合作交流的重要手段，越来越显示出强大的生命力。意大利的华文学校与社团的关系非常密切，据简单估算，在意约30%的华文学校由华人社团出资并管理。

中国语言文化在海外华侨华人社会中的传播研究——基于对意大利华侨华人社会的考察

The Research on the Function of Transmission of Chinese Language and Culture among Overseas Chinese
—Research of Overseas Chinese Community in Italy

四、意大利华人社团是连接中意、中外的文化与经济桥梁

海外华人社团在高科技技术背景下，与中国的联系便捷畅达，这从根本上改变了空间观念，意大利华人社团已成为内外联动的载体和平台。[1]新华侨华人与国内有着千丝万缕的联系，部分人与国内厂家经常有贸易来往，与国内关系密切，非常熟悉国内的各种情况，因此，大部分新华侨华人对中国国情都比较关心和了解，对祖国和家乡有一定的感情。再者，通讯技术与互联网日新月异，中文网站，便利迅速的国际航班，免费的电子邮件、视频、博客、微博（或Twitter）、微信等前所未有的技术，实现了国内国外同一频道。更多的意大利华人选择了双栖两地（意大利、中国）的工作或者学习生活，意大利华人社团也日渐演变成了内外联动的载体和平台。

五、华人社团年轻化趋势明显，社团发展意识强烈

意大利新华侨华人文化科技专业素质较高，从事领域更广，社会影响力较大。新生代普遍接受过国外的良好教育，他们积极融入主流社会，既主动贡献、回馈于当地社会，又懂得向当地社会争取华人华裔应有的权益。他们活跃在所在国社会的政治、经济、文化、科技等各个领域，社会影响力日益扩大。

不少年轻一代的侨领社团发展意识较强。新侨领思维模式具有国际性和全球性，注重实现自我价值，既重"名"也讲"利"，投资贸易不局限于家乡，更注重环境与回报。对于社团的发展趋势，求新、求快、求利是不少社团侨领的发展目标。

第三节 华社开展中国语言文化传播的意义和作用

意大利华社在开展中国文化传播上，不仅局限于文化教育、艺术等形式，更多的是利用社团的自身条件，因地制宜，把有关中国语言文化的活动与行为作为传播的主要形式。华社在构建和推动中国文化的海外传播中，发挥了重要巨大的

---

①龙登高：《海外华商与华文教育漫谈》，《世界华文教育》2017年第4期，第6页。

作用。海外华侨华人社团是开展海外华文教育和华文媒体建设的责任主体，是海外华人社会的基石、坚强后盾和重要组织形式，是支撑海外华人社会存在、延续与发展的重要力量。[①]其具体作用归纳如下：

一、促进文化自觉

华侨社团内部通过各类宣讲会、说明会，强调中国语言文化的重要性，给予意大利华人家庭学习中文的精神指引和鼓励，促进广大华侨华人主动学习中国语言文化。一项调查表明，在考察新生代华侨华人具备的祖籍国认知性上，对于中华文化的认知程度是其祖籍记忆的重要参考指标。[②]在欧洲各国家中，意大利的新生代对中华文化的认知程度最高，他们基本上都见过舞龙舞狮，知道划龙舟、祭祖先等带有祖籍地传统文化色彩的活动。一项研究表明，海外华侨华人对于中华文化所包含的民俗、节庆、饮食、文学等内容，90%以上的人选择"很有兴趣"，选择"不了解"的人数为零。[③]

二、意大利华人社团与祖籍国同频共振

意大利华人社团众多，包含了各行各业以及各来源地的华人，社团信息传播能力强大，并能整合多项资源，在最短时间内传播国内最新的政策、会议精神，与中国同频共振。在2017年十九大召开之后，意大利中国总商会马上组织开展了学习十九大精神座谈会，还特意组织人员学习了中国国务院侨务办公室主任在十九大上接受媒体采访时的讲话内容，这次座谈会促进了侨团深化加强海外华文教育、推进中文的海外传播的决心，社团将承担更多的中文海外推广工作。[④]

---

①衣长军：《海外新华侨华人社团与国家"软实力"建设研究》，《华侨大学学报》（哲学社会科学版）2016年第5期，第14页。
②张颖：《华人社团与华侨华人文化认同探析》，《中华文化》2012年第3期，第59页。
③数据来源于本课题组在2017年8月进行的调查。
④张锐：《意大利中国总商会组织开展学习十九大精神座谈会》，欧洲时报意大利版，2017年11月3日，http://www.oushinet.com/qj/qjnews/20171103/276804.html。

中国语言文化在海外华侨华人社会中的传播研究——基于对意大利华侨华人社会的考察

The Research on the Function of Transmission of Chinese Language and Culture among Overseas Chinese
—Research of Overseas Chinese Community in Italy

三、反独促统，和平主张在意大利华人华侨中得到传播

旅意广大侨胞具有爱国爱乡的光荣传统，一直关心祖国的建设和发展，对祖国的和平统一大业做出了许多积极的贡献。意大利中国和平统一促进会在2011年正式成立，体现了旅意侨胞维护祖国主权和领土完整、反对"台独"的坚定立场。2017年7月，全球华侨华人促进中国和平统一大会首次在意大利成功举办，这也是意大利华侨华人发展史上一件有意义的大事。

四、以侨为桥，进行中国文化艺术的介绍和推广

长期以来，华人社团能在吸收当地文化元素的基础上，创新中华文化的表现形式，形成了颇具特色又接地气的海外中国文化与艺术，以当地广大的华侨华人喜闻乐见的形式进行传播和推广。

五、传播中国文化核心价值观

"和谐"理念是中国的核心价值观，其主张人与人、人与自然以及国与国之间的和谐，与西方价值观有融通之处，也是人类普世价值观的重要构成部分。[①]华侨华人的行为文化和观念文化以及节庆习俗、经营理念、管理模式，都是中国和谐理念这一传统文化的外在体现，意大利的中国城、米兰的唐人街，各地中餐馆、中医诊所、华文学校、中华武馆，过春节、过中秋等节庆及华人的婚丧习俗活动，让华侨华人在海外身体力行地阐释、传播"和谐"的理念和价值观。文化发展、传播的多样化模式具有与生物进化相似的特征，即都有其内在的遗传基因。中华文化的基因呈现丰富性和多样性，最基本的价值观体现出和谐的内核。[②]中华民族传统节日里有丰富的民俗内容，如春节全家人聚在一起吃饺子、在元宵节吃元宵、在端午吃粽子、在中秋节吃月

---

①陈奕平、范如松：《华侨华人与中国软实力：作用、机制与政策思路》，《华侨华人历史研究》2010年第2期，第17页。

②李其荣：《华侨华人在海外传播中华文化新探》，《广西民族大学学报》（哲学社会科学版）2013年第2期，第117-123页。

饼，通过这些以饮食文化为主的民俗文化活动以及舞龙舞狮、元宵闹花灯等活动，民族文化得以继承和延续，并由此增强了集体记忆。中华民族传统文化中的清明扫墓、吃腊八粥等多个祭祀性节日活动，使得当地华侨华人养成了不忘先辈的传统。

受儒学文化的影响，中国人非常讲究家庭维系和伦理秩序，华侨华人家庭虽然身在海外，但也同祖（籍）国人民一样，几代人生活在一起，并且婚姻关系较为稳定。而随着华侨华人生活圈的扩大，西方人亦十分羡慕东方式稳定家庭。[1]

六、正面宣传中国现实、发展模式和外交政策

通过侨社向海外华人社会介绍中国的情况，更容易让人理解与接受。海外华人社团、文化中心和华侨华人精英人士都从不同角度、以不同方式介绍中国的国情现状和发展模式，推进了当地华人对中国飞速发展模式的了解，也促进了华人社区的融合。意大利华人社团还专门投资华文传媒（包括华文广播电台、电视台），使这些传媒成为正面宣传的主要阵地。

2005年和2007年，美国皮尤调查中心就世界主要国家的好感度（Favorability Ratings）先后进行全球调查，调查结果显示，中国在多数受调查国家的民众心目中形象正面，其中在周边国家和非洲国家形象最好，对中国的好感度多在70％以上。[2]对于中国的和平外交与侨务政策，海外华人社团和华文媒体普遍接受并加以赞赏，这成为宣传中国外交理念和政策的重要渠道。

七、培育文化认同，凝聚族群意识，促进意大利华裔对中华文化认同不断增强

意大利华裔新生代的宗亲、乡土观念虽不如上一辈深厚和浓重，但"根"的意识仍然存在。华侨华人新生代大多生于海外，对祖国传统宗亲观念不够浓，对

---

[1]詹正茂：《发挥华侨华人的作用促进中华文化在海外的传播研究与探讨》，《侨务工作研究》2012年第1期，第10页。
[2]Pew Research Center：Trend 2005，"How The World See China"，January20, 2005，http://pewsearch.org/pubs/206/trend-2005。"

中国语言文化在海外华侨华人社会中的传播研究——基于对意大利华侨华人社会的考察

The Research on the Function of Transmission of Chinese Language and Culture among Overseas Chinese
—Research of Overseas Chinese Community in Italy

祖籍家乡故土的感知度较老一辈弱，但老一辈华侨华人社团以及家庭中保留着的中华文化及观念，对其子孙仍产生着潜移默化的影响，在新生代的意识中或多或少植下了中华文化的"根基"。再者，随着中国各项事业的迅猛发展，国际政治、经济地位的日益提高，华人华裔的自豪感不断增强，他们"根"的观念与意识也不断强化。近年来，华侨社团通过与国内侨务部门的合作，开展了形式丰富的文化互动，促进意大利华裔对中华文化认同。中国国务院侨务办公室打造了一系列以"体验"为主导的文化交流活动，其中最知名的就是"中国寻根之旅"夏令营，侨团进行该活动的宣传、组织，意大利上万名华裔学生参加该活动，"到中国过暑假"日益成为意大利华裔青少年的自发选择。近年来，各具特色的武术、戏曲、声乐、传统手工艺等中华才艺营相继开展，大大激发了意大利华裔青年学习中文、了解中华文化的兴趣。"世界华裔杰出青年华夏行""文化中国·水立方杯海外华人中文歌曲大赛"'中医关怀团'义诊活动"以及各侨团自觉组织的"意大利华人春节晚会"[1]等各类常规性活动在意大利华裔的文化生活中占据了越来越大的比重，年轻一代的意大利华裔传承中华文化的意识慢慢增强。

第四节 华社开展中国语言文化传播的形式与渠道

华社本身就是中国语言文化的外在物化形式。华人社团组织的捐赠活动，就是深藏在其中的寻根思想、敬祖意识等影响的结果。一些华人商会的组织结构、管理方式都体现了鲜明的中国文化特征，负责人都被称为会长，选举时以长者为尊，内部经常以兄弟、长辈相称。在成立之初，组织内部构成人员的，地域观念还是存在明显的差别，这些都具有鲜明的中国文化特色。在意华人社团大多实行理事会制度，由理事长、会长或者主席担任社团负责人，下设若干副会长、秘书长，不再单独设置监督机构，这种组织文化具有浓郁的中国特色。社团的组织结构使得在意华人社团在海外仍保持传统文化，社团的存在方式就是对于传统文化的继承与存续。

---

① 《2018年意大利第二届"华人春节晚会"新闻发布会暨启动仪式成功举办》，欧洲头条新闻网，2017年11月19日，http://www.xinouzhou.com/archives-128536。

今天意大利华人社团已非靠简单的以血缘地缘关系结成，以学术、文体、宗教政治为纽带者日益增多，其举办的活动各具特色，水平、档次亦相差很大。华人社团在海外传播中华语言文化，多以开办各种活动为主要形式。归纳如下：

一、开展关于华人移民历史的展览

意大利罗马等中部城市以温州商人为主，而意大利北方工业城市如米兰等地则是上海人居多。共同的历史、文化与相同的背景和遭遇，成为维系世界各地华人移民的共同纽带。而华人社团通过特定的联谊活动以及强调某个地区的本土文化，为各地的同乡同宗们提供了一个重温并强化这种群体意识的机会，使世界华人圈联系更为紧密。在各种社团的联谊会上，展览与表演具有传统中华文化和地方文化色彩的活动成为不可或缺的内容，通过展览与表演，增进了年轻一代华人对其祖先的文化的了解与认可，从而使他们对社团的活动产生兴趣。

二、建立华校，开设华媒

不少华人社团明确以争取民族平等权益为奋斗目标，出资建立各类华文教育学校，热心华文教育事业。华人社团是华文教育事业存在和发展的重要基础，能从财力、人力、物力上予以支持。意大利较为著名的侨团为意大利华侨华人贸易总会，它是以旅意华商为基础而自愿组成的民间非营利组织，经过历届会长及会长团成员的共同努力，已成为一个在"文化上认同，理念上认同，感情上认同"的、有强大凝聚力和向心力的侨团，同时也是与祖国经贸关系最为密切的组织之一。在大使馆领事部的积极引导和指导下，意大利华侨华人贸易总会设立了固定的会所，用于开展华文教育。

在意大利北部，影响力较大的侨团是"米兰华侨工商联合会"，成立于1945年8月，是最早成立的侨团，中华人民共和国成立后改名为"米兰华人工商会"。该侨团资助建立了意大利第一所华文学校——米兰华侨中文学校，该校成立于1986年。在中部的小城普拉托，有一所意大利境内最大的华文学校——普拉托华人华侨联合会中文学校，该校由普拉托华人华侨联合会出资购置校舍，聘请管理

中国语言文化在海外华侨华人社会中的传播研究——基于对意大利华侨华人社会的考察

The Research on the Function of Transmission of Chinese Language and Culture among Overseas Chinese
—Research of Overseas Chinese Community in Italy

团队以及教学团队，开展全日制中国语言文化和意大利语言课程，在教学过程中，对优秀华文教育工作者、优秀学生进行一定资金的资助和奖励。

华人社团和华文教育的关系从来不是单向的联系和影响，社团是华文教育坚实的人力、财力基础，华文教育本身则是社团中很重要的服务内容，其培养人才、文化交流的功能也反哺着社团的生存和发展，并在一定程度上影响着华人社团。

华人社团还与华文文学、华文媒体通力协作，投资建设媒体，利用现代发达的传媒工具和通讯工具，如广播、电影、手机、互联网等，加大对华语的宣传和传播，呼吁家庭重视华文教育，积极倡导家庭内部用华语沟通。意大利较为有名的几家华人媒体，如《欧洲联合时报》等都受到当地华人社团人力和财力的支持。在当地的中文报纸上，专门辟出一定版面用于刊登优秀华文习作、连载小说等，在一定程度上促进当地华侨华人对中国文化的了解和思索。合理利用当地媒体，对于文化教育的社会实践有着十分重要的意义。

三、定期开展各种特色文化活动，加强社区的文化环境建设

华人社团定期开展的中国文化活动不仅为华人子弟创造了更好更具有中国特色的教育环境，也有利于加强社区华人的联系，增强社区华人的认同。华侨华人社团借助举办棋类、乒乓球、武术、书法、国画比赛等丰富多彩的文化活动，集中展现了中华文化的神韵，推动了中西文化的交流。每逢中国节日，如国庆节、春节、元宵节，社团往往会举办一些具有中国传统特色的活动，既丰富了社团的业余文化生活，也加强了海外侨胞尤其是年轻一辈的华侨华人对祖籍地的认识和对中华文化的认同，为意大利各地的华人们构建了中国文化的群体意识。[①]

在2017年5月，由中国驻米兰总领事馆指导、意大利手拉手意中文化交流协会主办的意大利首届"中国文化艺术节"成功举办，该活动加强与深化了中国与意大利的文化交流，让更多的意大利华裔得以近距离感受5000年的中华文明，大大增强了海外华侨华人的文化自信，增强了民族自豪感，促进中华文化在海外的传播和弘扬。在首届"中国文化艺术节"成功举办之前，由米兰手拉手意中文化交

---

① 徐文永：《浙江华侨华人与中华文化在海外的传播》，《福建省社会主义学院学报》2015年第5期，第87-90页。

流协会和米兰华人华侨社团联合主办、为期一个月的第三届"米兰中国民俗文化节暨舞龙舞狮大巡游"活动于在2015年顺利开展，活动得到了中国国务院侨办、中国驻米兰总领馆、米兰市政府、米兰宪兵总队、意大利各地华侨华人社团和艺术家、华商及当地商家、各地文化团体和教育机构等的积极支持和大力协助，盛况空前。活动既传承和弘扬了中华传统文化，又让华侨华人及当地市民感受到浓浓的节日气氛和中华传统文化的魅力。[1]类似活动已连续举办三年，在米兰的意大利华侨华人当中已有广泛而深远的影响，中国民俗民风的展示使中华文化在意大利米兰华人社区中得到了很好的推广和宣传。

四、积极对接国内侨务部门，承办各类文化项目，推动中国文化在华人社区中的传播

侨务部门为了满足海外侨胞的精神文化需求，集中展示中华文化的丰富多彩和博大精深，增进海外侨界及主流社会对中华文化的了解和喜爱，精心打造了"文化中国"系列品牌活动，取得了丰硕成果。各个意大利华人社团踊跃承办各类品牌活动，在推动中国文化传播力面凭借自身的优势，做出了应有的表率。如国侨办2009年创办的"文化中国·四海同春"系列品牌活动，2017年在意大利的罗马、米兰两地举办了演出，由意大利华侨华人贸易总会、意大利华侨华人青年会、米兰侨界十六个侨团联合接待，[2]两场演出吸引观众近2000名。"四海同春"至今已经走过九年，成为中华文化走向世界的响亮品牌，这其中，有着广大海外华人社团的鼎力支持。

各大华人社团积极报名参加国侨办组织的"文化中国·海外文化社团负责人高级研修班"，这一项目创办于2012年，迄今为止已连续举行了6期，学员达到500多名。通过培训优秀华人社团负责人，学习中国传统文化及中华文化海外传播知识，研讨海外文化社团，建设创新发展思路，助力华社推动和谐侨社建设、实现侨务工作科学发展，也搭建了连接五洲的文化桥梁，编织了情系四海的精神

---

[1]《米兰华社举办民俗文化节活动 舞龙舞狮庆中国春节》，中国侨网，2015年2月23日，http://www.chinaqw.com/hqhr/2015/02-23/38835.shtml。
[2]于音：《"四海同春"到罗马 欧洲巡演大收官》，欧洲时报网，2017年2月20日，http://www.oushinet.com/qj/qjnews/20170220/255522.html。

中国语言文化在海外华侨华人社会中的传播研究——基于对意大利华侨华人社会的考察

The Research on the Function of Transmission of Chinese Language and Culture among Overseas Chinese
—Research of Overseas Chinese Community in Italy

纽带。①中国侨联2008年"亲情中华"主题活动由意大利华人社团积极承办；2017年，意大利中文学校联合总会在米兰举行成立庆典，同日，米兰华星艺术团②正式揭牌，该艺术团是意大利华人社团主动响应国侨办2014年提出的"海外助侨八项工程计划"的成果，由米兰华侨华人工商会牵头，联合当地侨社文化社团申请成立。③裘援平表示，传统上，海外华侨华人社会有"三宝"，即侨团、侨校（中文学校）和侨媒（侨报），"当代华侨华人社会又增添了'新三宝'"，即华助中心、华星艺术团、华文教育组织。④

不管是积极参与研修班还是承办各类活动，华人社团都应以侨为桥，沟通中国与世界，弘扬中华文化，传递中国声音，凝聚海外侨胞的正能量。

五、开设文化课程

意大利华人社团主动对接国内各大华文教育基地，依托高校力量，创办学院，为广大华人开设中国文化课程。欧洲华商商学院正是基于意大利华侨华人贸易总会、意大利罗马华侨华人联合总会、意大利青田同乡总会、意大利宋庆龄基金会等社团的力量，依托国内高校的优秀师资，由侨领戴小璋先生创立，并聘请原中国人民大学黄卫平教授为欧洲商学院院长。⑤截至2017年12月，欧洲华商商学院在意大利共举办了四期研习班，来自意大利罗马、米兰、普拉托、都灵、佛罗伦萨以及西班牙和葡萄牙等地的300余名华商参加了课程，课程以互联网、金融知识、中国文化传承为主要内容，越来越多的华商认识到了学习的重要性，在繁忙的日常工作中仍坚持出席听完课程。⑥

---

① 《国侨办"文化中国"系列品牌文化活动成果丰硕》，中国侨网，2014年9月15日，http://www.chinaqw.com/sqjp/2014/09-15/17946.shtml。
② 华星艺术团：2014年，国侨办推出"海外助侨工程八项计划"，包括在海外侨胞聚集地设立华侨华人互助中心，在侨胞艺术人才聚集地建设"华星艺术团"。
③ 《意大利中文学校联合会成立 米兰华星艺术团揭牌》，中国新闻网，2017年8月25日，http://www.chinaqw.com/hqhr/2016/09-28/105792.shtml。
④ 同上。
⑤ 《欧洲华商商学院首期开班》，新华时报，2017年3月24日，http://www.zjsr.com/zshw/201703/t20170324_255129.shtml。
⑥ 张锐：《欧洲华商商学院第四期研修班在普拉托举行》，欧洲时报，2017年12月7日，http://www.sohu.com/a/209312683_99950525。

六、连接意大利与其他国家的华人社团，增加文化合作机会

华侨华人社团通过定期举行世界华商大会这类世界性的组织网上和社团活动，形成了内外互动，增加了文化传播与了解合作的机会。华人社团逐渐走向国际，形成了不少世界性华侨华人组织及网络。这些华侨华人组织及其网络不但是华侨华人贸易合作与文化交流的平台，也是密切华侨华人与祖（籍）国联系、加深其对祖（籍）国了解与合作的重要渠道。以意大利最大的中国移民群体——温州人为例，2003年在意华侨华人社团创办了世界温州人大会，并与世界温商大会两会合一，两年一次，每次邀请世界各地各领域有影响力的温籍著名人士、旅居海外各国的温籍侨领和侨团组织成员、留学生代表等2000多名海外侨团代表参加。定期的活动与固定的组织网络在开展中国文化海外传播、促进海外华人凝聚力等方面做出了积极贡献。

文化无国界，中华优秀传统文化不但属于中国，也属于世界，文化交流具有潜移默化、润物无声的特点，以其感染力和吸引力而非强制灌输让人接受。浩如烟海的中华优秀传统文化，是中国最深厚的文化软实力，海外华侨华人无论身处何地，不论从事何种行业，都在不遗余力地传播中华文化，促进中外文化的交流与融合。对华侨华人来说，传播中华文化，已从自发的个体行为上升为自觉的群体行为，拥有一种更高的责任感和使命感。他们身体力行，把爱好和平、勤劳勇敢的中华民族精神展现给世界。他们在文化传播中的独特作用和贡献值得学界进一步关注和研究。[1]

如果说华人社团、华文学校、华文媒体是海外华人语言文化传承的三驾马车，那么华人社团中的华商和侨领则是支持该项事业的主要力量，其在经费资助、管理运营、组织活动的过程中，发挥着不可磨灭的作用。

第五节 华社开展中国语言文化传播的特点与趋向

意大利华人社团在促进在意侨胞的团结互助，促进侨胞融入主流社会、维护侨胞合法权益、促进中意友好交流方面发挥了十分重要和无以替代的作用。它构建了意大利华人群体的筋骨，并成为了推动意大利华人社会发展的重要力量。华人社团是海外中国文化传播的中流砥柱，是华侨华人社会的三大支柱之一，另两大支

---

①金程斌：《新时期华侨华人与中华文化传播管窥》，《华侨华人历史研究》2015年6月第2期。

中国语言文化在海外华侨华人社会中的传播研究——基于对意大利华侨华人社会的考察

The Research on the Function of Transmission of Chinese Language and Culture among Overseas Chinese
—Research of Overseas Chinese Community in Italy

柱——华校和华文媒体都离不开社团的正常运行，尤其在意大利，这点表现得尤为明显。意大利的华侨华人社团中，近年来冒出了大量的艺术文化协会与团体如华星艺术团、意大利华人艺术协会等，这些协会传承、弘扬中华优秀文化的主导性和中坚作用更为突出。

目前的华社已呈现出跨界、多元、国际化等明显特征，其在传播中华文化中也呈现出新的特点。

一、意大利华人社团十分重视文化的双向传播

中西方文化之间有相通之处，也有矛盾之处。意大利的华人社团以传承和传播中国语言文化为己任，但同时也注重吸收意大利文化中的精髓，更是将意大利的美食文化带回国内，在温州与青田这两大著名的侨乡，到处可见意大利咖啡馆、意大利披萨店，这是对中国传统文化的丰富和拓展。如今，在意大利的华侨华人虽然个体素质普遍有所提升，但大多数还是从事小型贸易、手工业等活动，真正在当地主流社会阶层中有影响力的人物并不多。在意华人社团如果需要维护自己的权益，就必须设法使自己融入主流社会。近年来，在意大利华人社团选拔了更多在意大利出生成长、熟谙当地文化的青年企业家作为侨团领袖，这表明了华人社团越来越重视社团的本地化，重视与本地经济利益团体沟通对话的功能。因而在中国文化的传播上，社团日益重视中意文化的双向交流，华社中的意大利华人文化团体即是典型案例。

成立于1992年的意大利华人文化团体，通过举办学术演讲和学术会议，举办艺术、音乐和民俗活动及推广华文教学、中华美食艺术来发挥侨团功能，该侨团宗旨是：发扬中华文化，通过各种中意两国文化交流活动，提升华人形象，并促进华人团体融入当地社会。2017年7月，意大利普拉托华人华侨联谊会、旅意华企文化交流协会、意大利Canottiericomunalidi Firenze俱乐部、意大利中部文成同乡会、普拉托中意文化交流协会、意大利丽水市同乡总会共同举办了具有中国特色的划龙舟比赛，该项运动还特意邀请了意大利俱乐部参赛，引起了当地政府和媒体的高度关注。[1]在2016年春节之际，意大利众议院议员卡巴里尼一行先后走访了

---

[1] 孙玮：《佛罗伦萨华人社团组织龙舟赛 吸引游客》，中国侨网，2017年7月11日，http://au.fjsen.com/2017-07/11/content_19780794.htm。

维多利奥华人商铺、意大利华侨华人贸易总会等侨社，与意大利华侨华人贸易总会等侨团主要负责人举行座谈，双方共同探讨如何参与"一带一路"建设，发挥侨团的桥梁作用，促进意中在更多领域的务实合作。①

以上事例说明，在意的华人社团只有通过创造更多双方文化交流机会，以更加积极的心态投入到移居国本土的政治、经济、社会、文化等事务活动中，才能立足和融入本土，更好地表达华侨华人的诉求，更好地扩大社团自身的影响力，进而助推中国文化在意大利的广泛传播。②

二、常态化、规范化进行中国文化海外传播

目前意大利华人社团在传播中国文化方面的一个显著特点是所有文化项目趋于常态化、执行规范化。在意大利每一年都会"温州日""中国日"迎新年等活动，各社团都将此类活动明确到年度工作计划中，并组织专门人员进行准备。到目前为止，"温州日""中国日"活动内容越来越丰富，规格越来越高，影响力也越来越大。

三、意大利华人社团不断创新

意大利华人社团中不断涌现的青年华人企业家，具有较强的组织管理能力和服务公益的社会责任感，给打开中国文化传播打开了新视角和新思路。

青年华人企业家掌舵下的华人社团为推动华人融入当地社会，引导华商守法经营，促进中国文化的广泛传播，促进中意两国的友好交流所做出的贡献，受到了当地政要的高度赞誉。海外华人社团服务意识和精神的传承重在积极培养后备力量，而侨团年轻化、专业化无疑将会加速推动华人社会的融入进程，这已经是意大利华人社团未来发展的必然趋势和侨团建设的发展潮流。

以2017年刚刚换届的米兰浙江华侨华人联谊会为例，该侨团核心队伍年轻

①《意大利众议院议员走访罗马华社 向华人提前拜年》，中国新闻网，2016年1月21日，http://huaren.haiwainet.cn/n/2016/0121/c232657-29571975.html。
②林逢春：《海外华人新移民对崛起中国国家形象认知》，《湖北社会科学》2013年第9期，第50-54页。

中国语言文化在海外华侨华人社会中的传播研究——基于对意大利华侨华人社会的考察

The Research on the Function of Transmission of Chinese Language and Culture among Overseas Chinese
—Research of Overseas Chinese Community in Italy

化、知识化特点显著，新一届会长团平均年龄在35岁以下，联谊会还吸收了一批在意学者、知识分子加入，高学历的二代华侨在理事会已占据了很大的比重。二代华侨熟知中意两国国情、法律和民情，熟谙中国文化精髓，也具有深厚的意大利文化背景，在中国语言与文化的推广认识和理解能力上，能与主流社会进行无障碍、无隔阂的沟通。

年轻化、专业化无疑将会加速推进华人社会的融入进程，这已经是意大利华人社团未来发展的必然趋势。在此过程中，越来越多的意大利华人社团重视双向的文化推广和交流，越来越模糊单向文化输出。

意大利华人社会中，成立了两个专门促进中国语言文化传播的华人社团组织，即意大利中文学校联合总会和意大利华文教育集团。联合总会涵盖30多所意大利中文学校，中文学校联合总会的成立是首个意大利全国性的华文教育组织的诞生，意味着意大利华人社团组织将推进华文教育标准化、正规化、专业化等领域的建设，完善海外华文教育体系，为其他欧洲国家的华文教育事业发展提供更多成功借鉴。[1]意大利华人社团的专业性更加明显，也将进一步促进中国语言文化在意大利华人社会中的发展。意大利华文教育集团于2012年正式成立，佛罗伦萨、米兰、博洛尼亚、那不勒斯、帕勒莫、帕多瓦、巴里、马泰拉等8个城市的中文学校成为该集团的首批理事单位。教育集团的成立，标志着当地华人教育机构的联合组织得到了意大利主流社会的认可与支持，作为意大利移民多元文化教育的代表，这8所学校将获得政府教育部门针对性的完善教育资助。[2]

四、代际差异明显

意大利华人社团在传播中国语言文化中，保留自我理解和自我创新的空间，也呈现出历史时代的特点，表现出代际差异。

不少论著认为华侨华人社团最主要的功能是联络情谊、协商关系、举办公益三大项，这三大功能在不同的历史时期或不同的地区，具有不同的表现形

---

[1]《意大利中文学校联合总会在米兰成立　国侨办主任裘援平亲临现场祝贺指导》，新欧洲侨报网，2017年8月26日，http://www.sohu.com/a/167401710_659880。

[2]《开创多元文化教育新模式　意大利华文教育集团成立》，中国新闻网，2012年5月30日，http://news.163.com/12/0530/16/82P1RVC000014JB6.html。

态，[①]但随着时代变迁，意大利华人社团功能日趋多样化，华侨华人经济与科技类的社团大量涌现，发展速度快于地缘、血缘社团，在传播中国语言文化方面和之前的社团有明显的区别。

1946年诞生的第一个意大利华侨社团——米兰华侨华人工商会，曾在支持新中国建设、推动中意邦交正常化、维护华人尊严的特殊历史时期发挥了极其重要的作用。改革开放之后，该社团的功能出现了变化，由单纯的公共外交、联络情谊扩展至维护侨胞合法权益、促进中意友好。近年来，该社团的活动显示了其社会服务意识及对中国文化精神的传承。成立于2008年的意大利"米兰博士沙龙"，主要成员为来自中国的在意大利地区工作和学习的博士、博士后及进修的访问学者等，其重视中国与意大利在艺术、建筑和文化方面的交流，也重视人才的国际化流动，已成为南欧最大的引才组织，是国务院侨办首批全球23个海外引智点之一。"浙江大学意大利校友会"是在米兰成立的侨团，其配合驻米兰总领事馆的侨务工作，也将协同兄弟侨团参与米兰侨界及领区内的各项大型活动为己任，该校友会经常推出一些文化历史讲座或者研讨会，向意大利朋友和侨胞们介绍中国文化的精髓，也向侨胞介绍意大利文化，同时陆续推出有关医疗、税务、法律、教育、音乐等方面的普及讲座以服务于当地侨胞和中国留学生。[②]

五、意大利的华人宗教社团日益活跃

华人宗教社团的活跃在中国语言文化传播中发挥了一定作用。在意大利这样一个提倡多元文化并存的国度里，中华文化通过华人宗教团体得到了一定传播。意大利华人天主教团体与意大利教会合作印刷了10000册意大利语与中文的双语新约全书，现有的10个教会团体中几乎每处都设立了免费意大利语学习班与服务移民的诸多项目，促进了华人教会团体与意大利社会的融合。[③]在普拉托，华商捐赠的普华寺已经建成18年，现有3个佛堂，每年组织舞龙舞狮活动，展现传承中国文化。[④]

①方雄普、许振礼：《海外侨团寻踪》，中国华侨出版社1995年版。
②《意大利浙江大学校友会在米兰举行第二届换届庆典》，中国侨网，2016年3月7日，http://www.chinaqw.com/hqhr/2016/03-07/81703.shtml。
③崔新刚：《从意大利华人天主教会发展看移民福传工作》，城市化与移民及牧民研讨会，2013年9月9日，http://www.chinacatholic.org/fics/icump/。
④《普拉托：一座华人逐渐占主导的意大利城市》，中国新闻网，2016年4月23日，http://www.ahwang.cn/world/20160423/1514572.shtml。

中国语言文化在海外华侨华人社会中的传播研究——基于对意大利华侨华人社会的考察

The Research on the Function of Transmission of Chinese Language and Culture among Overseas Chinese
—Research of Overseas Chinese Community in Italy

意大利的教会成员多由第一代移民组成，他们非常强调对家国文化的认同，宣扬与圣经相契合的中国传统价值观。[①]意大利华人基督徒更是坚持用普通话进行聚会，教友们从国内找来带有拼音的圣经，督促孩子用中文学习基督教信仰。有条件的教会以教会的名义开设了中文学校，如意大利罗马基督教中文学校，同时该校所有支出包括各类奖助学金都由教会支出，该校使用和温州孩子同样的语文课本，使其接受和中国孩子同步的教育。

第六节 华社传播中国语言文化中的问题

海外华人对中国文化的认同，主要通过他们参与各种华人社团活动，公开承认自己价值取向、偏好的文化兴趣以及关注的事物表现出来，这种富有特色的社会行为，反映了华人及其子弟明确的自我文化认同。他们接纳和践行中国传统文化的价值观，履行以中国传统价值为基础的为人处世方式。华人社团作为中国语言文化传播的实践者，在开展各类文化艺术活动中仍存在着一些问题：

一、部分意大利华人社团层次有待提高

有些社团只有寥寥几名成员，文化素质令人担忧，没有推进中华文化走向世界的自觉意识，因而不能最大程度地发挥其传播者的作用。我们对以温州人为侨领的几个社团开展了学历的调查，发现社员多来自于温州的农村老区，多通过契约劳工、家庭团聚、难民或者非法移民等形式在意大利居留或者工作，语言能力弱、文化水平低等因素导致这些华人社团还处于华人社会关系网络中，无法与主流社会生活形成关系网络。

二、华人社团参政意识有待加强

近年来华人社团通过游行示威、参与选举和影响舆论三种方式，发挥着社团的参政意识，对外联络其他亚裔社团，在维护华人权益、改善华人形象、促进中

[①]曹南来、林黎君：《经济全球化背景下的华人移民基督教：欧洲的案例》，《世界宗教研究》2016年第4期，第144-152页。

意交流等方面起到了积极作用。但需要承认的是，和意大利33万多华人相比较，能积极参政议政的华人数量太少。"重商轻政"是整个意大利海外华人社会留给当地人的集体印象。华人对话语权的渴望和参政议政意识薄弱之间的矛盾，恰恰充分暴露了华人社会当前的迷茫和困惑，在文化推广方面，体现为文化推广力度不够，敏感性不高，话语权弱。

三、与当地教育文化机构进行长期沟通与协作的能力需要进一步提升

华人社团的目的主要在于沟通和联系，大部分的华人同乡会社团设定的目的仅在于吸收当地祖籍国来源地的移民，通过沟通和联谊达到生意合作、互通信息、互相帮助的作用，以职业为区分的协会，如商会、皮鞋行业协会、贸易协会等，也同样存在这些局限。

四、中华文化的精华与核心价值展示不充分

在开展文化传播中，促进文化交流合作的活动主要局限于摄影、书画、武术、文艺演出、龙舟、剪纸等形式，尽管引起了外国民众的兴趣，但是中华文化的精华与核心价值展示得还不够深入。[1]长此以往，三代、四代华人对于中国核心价值观的理解会出现偏差，表层文化的传播值得提倡，但更值得提倡的是中国传统价值观、哲学思想等深层文化，这才是中国文化的精髓。

五、缺乏有一定影响力的华人社团

在海外进行民族文化教育，无疑是一项十分复杂而又艰巨的工作，海外华人社团基本上属于非政府组织，他们大多是志愿性团体，不具备推行其社团理念的直接物质手段，缺乏长远规划，主要运行经费都依靠自身的影响力或者一些知名人士积累活动经费，还不能形成固定的活动资金来源。

---

[1]李世杰：《发挥海外华人社团作用 促进中华文化走向世界》，《人民政协报》2007年7月25日。

中国语言文化在海外华侨华人社会中的传播研究——基于对意大利华侨华人社会的考察

The Research on the Function of Transmission of Chinese Language and Culture among Overseas Chinese
—Research of Overseas Chinese Community in Italy

第七节 发挥华人社团在中国语言文化传播中的作用的建议与对策

意大利各类华侨华人组织扎根于华侨华人群体，专注于特定行业领域，面向更广泛的社会事务，可以说，华侨华人组织的发展对更加频繁的国际协作与联系提出了要求，需要获得各方面的社会力量。意大利华人社团在中国语言文化传播上的贡献有目共睹，尽管在传播过程中存在一些问题，但这是发展过程中必经的阶段。华人社团的功能广泛深刻，传承与推广中国语言文化是其最重要的功能之一。这一功能的实现需要依赖国内相关侨务部门、教育部门以及意大利广泛的华人社团共同发挥作用。为深化华人社团在中国语言文化推广中的作用，提出以下建议与对策。

一、需要认清五对关系

（一）认清中国文化"走出去"与华人社团的海外传播二者之间的辩证关系。中国经济的飞速发展直接促进了华人社团的跨国地位的提高。华人社团的社会地位因其居住国对中国经济的依赖程度而得到不同程度或不同层次的提高与改善，而且汉语经济价值的提升为海外华人社团的跨国文化传播和多元认同的塑造提供了方便奠定了基础。

（二）认清国际关系与文化传播的关系。在中国人口向外迁移的活动中，海外华侨华人自觉或不自觉地将中国传统文化带到居住国，以自身所具有的中国传统文化涵养，潜移默化地影响周围人群。在国家关系中，他们将中国传统文化中"和"的思想提升至和谐世界观，以华校展示中华文化的主流面貌，以中华传统民俗展示中国文化的理念和对生活细节的关注，以华文媒体展示中文世界对国际舆论和社会民生的关注和评论，向海外各国宣传中国文化的内涵和传统文化魅力，这对我们处理当今国际关系具有现实意义。

（三）认清公共外交与华人社团的关系。华人社团通过公共外交共同推动中国的主权完整和国家统一，强化中国力量。中国力量的凝聚不仅建立在经济发展、人民幸福和社会进步的基础上，它也需要一个和平与和谐的国际环境。华人社团是公共外交主体的有机组成部分，其作用不可替代。公共外交是新时期我国在崛起过程中实现战略"突围"的重要路径。全球化背景下，以留学生、技术移民和投资移民为主体的海外华人新移民与祖籍国中国存在利益趋同点——共同利益是整合不同行为体采取互利行动的驱动机制。对于新移民而言,基于利益以及成本收益的考虑,他们更愿意运用自身跨文化传播的能力维护中国的海外利益。而对中国而言,基于华人新移民的资源力量和跨域属性,中国力争通过行之有效的侨务工作,促使该群体发挥其维护中国海外利益的功能。

(四)认清传播中华文化与所在国文化二者之间的关系。政策为中国文化在意大利的广泛传播创造了良好的客观条件,这种宽松互惠的关系也对华文教育以及华文媒体的快速发展产生了积极影响。意大利教育部门专门设立多元文化部门,鼓励意大利境内少数民族传承本民族文化,共同参与意大利社会发展,促进各民族间的文化交流。这一切都是华人社团开展中国语言文化传播的有利条件,但是我们必须清楚认识到,所谓的多元文化政策,有一个根本的宗旨:意大利是移民国家,必须用多元文化政策,促进移民国家内部各民族之间的交流,达到各民族之间的平等,从而有利于该国的稳定和发展。这就表明中国文化与居住国文化必须共存共荣,共同生长。这就要求海外华人社团在传播内容、方式、目的上需要有所取舍,有所区别。因地制宜,遵守当地的法律法规,尊重当地的风俗宗教习惯,以潜移默化、喜闻乐见的方式弘扬传播中华文化。越来越多的华人社团开始融入主流社会,与当地的政府要员接触,鼓励华文学校与主流教育接轨,这是华人社团的发展趋势,也是当地华侨华人的必然选择。

(五)认清国内政府部门与意大利华人社团的关系。不可否认,华人社团在文化传播中发挥着重要作用,但由于他们所处的环境对于中国传统文化的接纳方面存在差异,意大利主流社会中一些人容易把社团传播的中国传统文化当作异族文化来看待,以戒备排斥的心理来对待中国文化的传播。这种背景下,政府不应出面支持华人社团开展文化传播,否则会引起居住国民众和政府的误解,由华人民间社团加强自身素质,自发开展各类活动,才能有效地避免矛盾与冲突。

二、通过教育与培训,促进意大利华人社团功能需进一步转型和升级

意大利华人社会已经发展至如今的30多万人的规模,然而这个社会却是一个缺乏顶层设计的独特群体,不容易得到主流社会政府在政策上的引导、帮助和支

中国语言文化在海外华侨华人社会中的传播研究——基于对意大利华侨华人社会的考察

The Research on the Function of Transmission of Chinese Language and Culture among Overseas Chinese
—Research of Overseas Chinese Community in Italy

持，以致于越来越多的华人在积累财富之后，希望通过华人社团开展各种工作，向社会表明自己存在的价值。而目前，华人社团的作用与广大华侨华人的要求还存在相当的距离。在全球金融危机和欧债危机发生后，意大利华人经济的几大支柱产业，如餐饮业、传统手工业和贸易业，均受到不同程度的冲击，华人经济面临严峻形势，这使得整个华人社会对华人社团的作用提出了更高的要求，社团功能的转型和升级迫在眉睫。海外侨胞更应树立"文化自信"，将这一独具特色的"文化宝库""民族基因"在海外加以传承和弘扬，时任国务院侨务办公室主任的裘援平认为"营造浓厚的中华文化氛围值得每一位侨胞共同努力，这有助于提升华人群体的文化形象"①。这就要求海外侨领们的整体素质必须进一步得到提升，在侨胞们看来，侨领肩负着改变侨胞生存状况的历史重任。②侨领们更应积极回馈社会，促进当地社会和谐发展，承担更多的社会责任，努力实现侨胞事业与当地经济社会发展，促进中外交流合作的共赢发展。③

三、重视华人社团，尤其是社团中华裔们在中国语言文化推广中发挥的中坚作用，建立海外人才库

李宇明先生关于中国文化传播有"三个战略区域"的观点，他将汉语国际传播分成三大圈：海外华人社区圈、传统汉字文化圈（日、韩、越南等）、辐射圈。④从现实市场来看，有一个重要事实就是无论是海外汉语学习者还是海外汉语教师，海外华侨华人都占主体地位，那些在真正意义上学汉语和教汉语的外国人（尤其是欧美人）直到今天都是少数，这是我们必须正视的基本现实。⑤华人社团成员既是中华民族的传人，本身带着中国民族的文化基因，同时又熟悉居住国文化，他们既是华人社团推广的对象，也是向华人社区推广汉语、传播中国文化的

①杨凯淇：《国务院侨办主任:海外文化社团负责人树立"文化自信"》，中国新闻网，2015年5月27日，http://www.ce.cn/culture/gd/201505/27/t20150527_5474778.shtml。
②聂传清：《侨领聚会成都研讨海外侨情——华人社团功能如何转型？》，《人民日报》（海外版）2012年7月9日，第6版。
③徐文永：《浙江华侨华人与中华文化在海外的传播》，《福建省社会主义学院学报》2015年第5期，第90页。
④李宇明：《强国的语言与语言强国》，《光明日报》2004年7月28日，第4版。
⑤张旺熹：《关于国际汉语师资培养多几点思考》，《世界华文教育》2011年第3期，第42页。

主体，其双重身份必须得到充分认识和高度重视，尤其需认识到社团中华裔青年在海外中国文化传播环境下的潜在价值。

随着时间的推移，广大的意大利华裔已悄然成为中华文化传播的中坚力量。他们在本土出生长大，与他们的上一辈相比，具备更为广阔的视野和多元化的文化背景。这一群体对于中国文化的认同度在一定程度上决定了中国语言文化在意大利能走多远走多深，在帮助他们了解祖（籍）国文化和祖辈故乡的乡土文化后，需要在该群体中发现和储备人才，培育和涵养华裔新生代的中华文化资源。

意大利来自中国的新移民近年来有增无减，以新移民为主体的海外华侨华人是侨务公共外交的中坚力量，基于共同利益设计的侨务公共外交战略，更加充分发挥华侨华人在海外文化传播中的中坚作用。

四、充分运用国内资源，同时调动和挖掘当地侨社的文化资源，开设在意华侨华人文化中心

建议由国内相关机构在意大利华侨华人集中的城市开设华侨华人文化中心，负责语言推广与文化宣传工作，加大对华侨华人社团、会所文化设施和人才进修方面的帮助，该中心既可作为当地侨团举办文化活动的平台和纽带，也可成为当地侨领骨干提高文化素养的场地。依托当地华人社团已有的渠道，举办形式多样的中外文化交流活动以及学习进修、各类研讨会和讲座。

五、构建人类命运共同体

政府应成为侨务公共服务的提供者，促成海外各类华侨华人组织与国内相关行业、部门等合作交流平台相关文化合作。通过政府的牵线搭桥，促进国际性交流平台的构建，建立沟通渠道、提供技术及信息咨询与培训等，关注和帮助海外各类华侨华人组织在全球化时代的转型，推动其进一步拓展生存和发展空间。比如促进海内外媒体联合制作节目、联合举办活动，促进海外华文学校在教育国际

中国语言文化在海外华侨华人社会中的传播研究——基于对意大利华侨华人社会的考察

The Research on the Function of Transmission of Chinese Language and Culture among Overseas Chinese
—Research of Overseas Chinese Community in Italy

化事业上大展拳脚，促进国内外相关专业协会拓展业务交流等。

以上举措，一方面能使国内相关文化资源获得输出途径，实现我国文化产品在海外平台的输出，另一方面能使相关海外各类华侨华人组织通过自身优势开拓事业发展的经费来源，不再局限于赞助、捐赠等传统筹资方式，形成自身造血机制，促进自身发展。政府为国际性的交流搭建平台，可在海外社会树立中华文化良好形象，促进与世界各国人民之间的了解，并根据特点有针对性地同各个国家开展各个领域的文化交流活动。同时加强国内外的各领域团体的联系，使其通过自身力量促进中国文化"走出去"。

六、探索华人社团的运作模式

长期以来，华人社团投资华文媒体、华文学校、组织各类活动都是基于传承中国文化的目的而进行的，此举传播了中国文化，增强了中国的国际影响力。我们注意到，一些项目、学校以及媒体虽然已经获得了政府相关部门的大力支持，但在某些情况下，这些支持并不利于华文媒体和华校的自我发展和长期发展，而借鉴市场运作模式，引入竞争机制，可以推动华社的自我发展和可持续发展。

第六章
中国宗教文化在意大利的传播

近年来，随着中国综合国力的迅速增强和华侨华人自觉参与中华文化传播，中国宗教文化在世界范围内的传播越来越广泛，但由于基础建设不完备、长期与外界隔绝以及单一的传播策略等不利因素，导致中国宗教辐射范围较小，影响力不足。本书以中国佛教文化在意大利的传播为例，在对意大利佛教文化传播现状进行概述的基础上，分析了中国佛教文化对意大利华侨华人及当地社会产生的作用与影响，分析其未来的发展趋势，并有针对性地提出对策建议。

2015年9月26日，国家宗教事务局副局长蒋坚永出席"中国宗教走出去战略高层论坛"时指出，"充分发挥宗教的民间外交、公共外交和人文外交的独特优势，推动中国宗教进一步走出去，具有重要的意义"。宗教作为人类社会发展进程中特殊的文化现象，在国际交往、民族交流、人际沟通中起到了非常重要的作用，它不仅是"公共外交"和"民间外交"的有机构成，更是中国"走出去"文化战略中的先行者。宗教作为利益诉求和文化表述的重要形式，在国际秩序中发挥了重要作用。20世纪70年代末80年代初，中国成为欧洲地区的重要移民来源国。华侨华人在移民过程中不仅带去了劳动力和技术，也带去了自己的宗教与文化，由于中国宗教在欧洲传播的受众群体基本以华侨华人为主，本书将以意大利的华人社区中的佛教文化传播为例，聚焦中国佛教在意大利的现状，通过分析探讨中国佛教对意大利华侨华人产生的影响作用，研究华侨华人与中国宗教文化海外传播之间的关系，并指出中国佛教在意大利的未来发展趋势，提出相关的发展对策与建议。

中国语言文化在海外华侨华人社会中的传播研究——基于对意大利华侨华人社会的考察

The Research on the Function of Transmission of Chinese Language and Culture among Overseas Chinese
—Research of Overseas Chinese Community in Italy

第一节 意大利境内中国佛教的发展现状

据不完全统计，大约有6000多万华侨华人分布在全世界198个国家和地区。这些国家与地区或多或少受到了中国宗教文化尤其是华侨华人祖籍民间信仰的影响，相较而言，东南亚与美国地区受中国宗教影响较大。中国宗教在海外传播具有以下特点：一，随华侨出国同时向海外传播，并且多为华侨故乡神明与宗族祖先；二，宗教场所多但是面积较小，宗教文化较为杂糅，佛道儒教文化及一些地方民间信仰、宗族信仰在海外皆有传播，寺庙与会馆同处一所；三，随着时间发展，传统迷信的宗教信仰被赋予新内涵，如中华民族传统美德等。"9·11"事件以来，宗教开始在国家安全、外交政策、地区冲突中扮演重要角色，以宗教为主的公共外交也逐渐兴起。目前中国佛教团体在国际上最具影响力的当属台湾"国际佛光会"，它是联合国组织中唯一的中国佛教民间团体，在世界五大洲成立了170多个国家地区协会，成为全球华人最大的社团。除典型的宗教活动外，该会在文化、教育、慈善、修持等方向积极活动，参加各类社会公益活动，从事文化教育工作，举办学术交流、国际互助会、国际学术会议，设立奖助学金，并为其会务运作建立一套完善的体系延伸至世界各地，并且在2003年正式成为联合国非政府组织（EGO）的会员。20世纪70年代末80年代初，中国成为意大利的一个重要移民来源国。截至2010年12月31日，意大利华侨华人约有20万人，男女比例约1∶1，中国移民性别比例趋向平衡，表明意大利华侨华人将更趋稳定并长期存在。20世纪末从浙江温州、青田移居欧盟国家的新移民，构成了当今意大利华人社会中一个主要的地缘群体。中国移民除部分为侨居多年的华侨外，80%以上的现有中国移民都是在20世纪80年代末之后进入意大利的，而且浙江人是其中最大的群体，文化程度相对较低。由于佛教在温州、青田等地传播历史悠久，信徒众多，因此中国佛教随着温州人的移民而在意大利有所传播。

目前约有4万名华侨华人集中在意大利普拉托，绝大多数是浙江温州籍，且当地华人中信仰佛教者有3万多人，这导致了意大利的中国佛教寺庙近年来迅速发展。这类新华侨华人在思维方式、价值观念与行为举止方面显现出一些新的特点：（1）移民类型多元化，其中投资移民比例提高成为新移民的突出特征，移民群体经济实力更加雄厚；（2）移民社团快速发展，发挥了团结华人、维护华人合法权益的重要作用；（3）大众传媒意识和参政意识增强，华人政治地位显著提升；（4）与祖（籍）国的联系更为密切。

在意大利多元文化政策的背景下，加之意大利华侨华人的不断努力，中国佛教在意大利有所发展，中国宗教文化得到了意大利主流社会的认可与尊重。意大利知名杂志社和政府多元文化机构多次联合发起尊重民族信仰活动，组织当地学生参访中国宗教寺庙，了解中华佛学文化。

意大利约有60个佛教道场，其中规模较大的佛教寺庙为罗马华意寺和普拉托普华寺，均由当地华商与华人社团捐资兴建。同时，为了发扬中国大乘佛教、弘扬中华文化，国内不少佛教社团也远赴意大利，进行讲学布道。

普华寺是意大利中部地区唯一的华人朝拜、祭祀的佛事场所，也是意大利第一座成功落成的中国佛教寺庙。它于2007年初步建成，位于普拉托市Gualchierina广场，2008年初，佛堂从国内运来大批佛像准备扩建装修，但装修计划一度被政府否决。意大利华人华侨佛教总会多次与政府对话，在各界友好人士的大力支持下，同年11月，普拉托政府通过议会投票的方式，以24票同意、5票反对、1票弃权的投票表决结果批准了意大利华人华侨佛教总会装修扩建佛堂的申请。普华寺自2008年开始筹措修复，一期投入500万欧元，装修费用达100多万欧元，全部来自华侨华人自筹捐资。2011年，意大利华人华侨佛教总会开始筹建普华寺佛堂，当地华商捐资数十万欧元。现普华寺会员已经达到一千多人，信众达到几千人。2014年11月10日，普华寺得到普拉托政府批准，允许佛堂扩建装修。目前寺庙已经购买原址周围的2套房子，扩建面积将达2600平方米，装修后将作为活动基地。普华寺的成功建成离不开华侨华人的不懈努力，建成后则吸引了一大批信徒到此参拜。除了进行一些传统的佛事活动外，普华寺还将为受灾民众祈福，为灾区举行募捐活动，支援灾区人民抗灾自救，重建家园。同时佛事活动还以国内时事为主题，祈祷和平、祝福祖国和谐平安，得到了广大华人社会的支持。

华意寺落成于2010年，坐落于罗马Viadellomon 142华人仓库区聚集地，总占地面积2000多平方米，总投资造价400多万欧元。由罗马众多爱国爱教知名华商捐助，筹资150多万欧元购得华意寺道场，寺内佛像和法器由中国台湾中台禅寺捐赠。华意寺的建成，一是为了方便善男信女朝拜菩萨圣像、用功修行，二是为旅游者提供一个新的选择，同时也会考虑建成为东西方文化、学术交流中心，举办

中国语言文化在海外华侨华人社会中的传播研究——基于对意大利华侨华人社会的考察

The Research on the Function of Transmission of Chinese Language and Culture among Overseas Chinese
—Research of Overseas Chinese Community in Italy

学术研讨会等。

同时，意大利华人佛教总会因为积极参与当地的社会事务，得到了地方政府以及当地天主教界的认可，开始成为意大利多元宗教的组成部分。他们为地震灾区捐款、在节日期间展示中国文化、向中学生介绍佛教、为残障人士机构提供素餐、与大学互动、接待媒体采访等等，这使得佛教总会在较短的时间内就在意大利树立起正面的社会形象。

此外一些中国佛教团体与意大利民间交流频繁，在当地社会形成了一定的影响力。

来自中国台湾的佛教慈善团体慈济，在德国、英国、法国、奥地利、荷兰等欧洲国家进行志愿活动。在2012年意大利地震之后，慈济与当地政府洽谈，研议合作援助的方针，给予灾后援助并为学童发放助学金，在当地树立了一定的威信与地位，2015年慈济基金会创办人证严法师被授予"荣誉公民"头衔。

意大利少林拳法联盟中心是意大利最具影响力的中国传统佛教团体之一，该团体多次举行与中医文化相关的专题讲座并进行少林功夫展演，讲解少林文化的博大精深及殊胜之处，在意大利主流媒体中引起不小的反响。不仅为意大利少林弟子展示才艺提供了平台，更为传播中华文化、少林文化提供了便利，也让意大利民众了解到中国传统文化的博大精深。

第二节 中国佛教对推动意大利中国文化传播的主要作用

佛学文化多年来在西方多不为当地社会和政府所认可，普华寺和华意寺的落成，标志着中华佛学文化首次得到了意大利官方和主流社会的承认与尊重。这不仅是对中华传统文化的尊重，也是中国国际地位提升后，海外华人地位提高的具体表现。而华侨华人与华人社团在普华寺和华意寺的建设过程中起到了不可替代的作用，同时，以普华寺和华意寺为代表的中国佛教又对意大利华侨华人和意大利社会产生了一些重要影响。

举办佛教活动，为当地华侨华人排忧解难。20世纪末从浙江温州、青田移居欧盟国家的新移民，大多是出国定居、劳务，探亲等，文化程度相对较低。但不论是早期的华侨华人，还是改革开放再跨出国门的新侨，他们的共同特点就是继续遵行华人的传统节日礼俗，奉行传统的宗教信仰。绝大多数华人华侨在生活上依然保留着中国人的传统习惯，在文化娱乐上保留着中国人的嗜好和志趣，其风俗习惯也处处体现出传统的烙印。而佛教作为温州地区传统的宗教，历史悠久且传播广泛，华人华侨中的老人远居海外，语言不通，因此拜神礼佛成了部分华人华侨重要的业余活动。同时海外华人华侨在侨居国面临着各种艰难挑战，这使他们不得不继续寄希望于故乡神明的庇佑。可以说，中国佛教的海外传播不仅成为华侨华人海外生活的重要部分，同时也为华侨华人提供了精神寄托。

意大利华侨华人佛教总会在意大利普华寺与华意寺举办春节祈福会，进行消灾、超荐、供僧、点灯等佛教法事活动，把传统中华佛学文化融入了海外侨民生活，为当地华人信众提供了一个祈福过年的去处，受到了社会各界的广泛赞誉。

除进行一些传统的佛事活动外，海外佛教团体也为有困难的当地人民举办募捐活动，为残障人士机构提供素餐，为华侨华人及当地社会提供了物质上的帮助。课题组在走访过程中，作了一些深度访谈。

访谈1

水陆寺绿义法师来普华寺讲佛三个月，他在采访中表示，意大利华人华侨佛教总会黄树林会长很重视在意老人的晚年生活，老人和谐社区，"普华寺不仅仅是传法信佛之地，本身就是对老人的关怀纾解之地，在这里可以找到同乡人排解孤独和抚慰内心"。"当年最早来普华寺帮忙筹建装修佛堂的老人真的很辛苦，当初是他们一点一点弄起来的。没有他们也搞不起这座佛堂。"据黄树林会长介绍，在普华寺2008年筹备之初，其就在瓯海丽岙华人华侨村开展老人安顿工作。普华寺在初一、十五甚至有多达六七十桌的老人参加寺庙活动。

普华寺通过乡音诵经念佛，聚集在意华侨华人老人，通过佛教活动让老人在异国找到归属感，在某种程度上，也通过佛教的宗教仪式和活动让华侨华人老人找到精神寄托，起到心理抚慰治疗以及调适的作用。由于普拉托生活着大量温州籍华侨华人，其中一部分老人不会普通话，普华寺内的温州话乡音诵经念佛成了一大部分温州籍老人在异国继续进行佛教信仰和沟通联系的重要渠道。

中国宗教文化在海外华人社会中的传播，通常运用了海外华商的关系网络。

中国语言文化在海外华侨华人社会中的传播研究——基于对意大利华侨华人社会的考察

The Research on the Function of Transmission of Chinese Language and Culture among Overseas Chinese
—Research of Overseas Chinese Community in Italy

在使用源自华人宗教发源地、侨乡社会的宗教体系和仪式等手段的基础上，根据特定的海外华人社会群体的国家认同、政治倾向、价值理念、现实经历，重新建构或发展出新的宗教崇拜系统、仪式手段，以求广泛影响当时当地信众，实现华人宗教在海外华人社会中的"在地化"传播。

但是由于长期的隔阂，国外对中国宗教政策的实践和认知依然存在误区，致使中国的宗教国际形象被扭曲。佛学文化在意大利社会还不能完全被当地人所接受，并且意大利的中国寺庙从创建之初到现在，资金来源的渠道及筹措方式都比较单一，主要来源于华人华商捐资以及信众募捐，没有来自国内外政府的拨款以及相关协会机构的经济支援或捐赠，这使得中国佛教在意大利的发展较为缓慢。

访谈2

在意大利社会，政府本身对华人华商存在一定疑虑，特别是对华侨华人的税收心存疑惑，而普华寺的资金大部分就是来源于当地华侨华人，如果大力宣传普华寺在社会公益上的大额捐资捐赠，不免会让当地政府猜疑资金的合法性。另外，当地某些意大利人对华人这几年在意大利集聚的财富心存嫉妒和偏见，如果经常向社会显露普华寺的信众财力丰厚，会让这部分本身存有偏见的意大利当地居民认为普华寺在炫富，从而增加华人与当地意大利人的冲突，不利于稳定。

为了同时在场地规模和投入资金上扩大普华寺在当地乃至意大利的影响，普华寺还计划通过儿童武术学习，开办少林武术班来扩大信众规模和普华寺在当地华侨华人中的辐射力。在当地开办武术班很有积极意义，对传播中国武术及中华文化有深层次的影响。华人华侨二代很多已能很好地掌握意大利语言，通过自身学习了解中华武术及文化，再由他们向意大利当地人翻译传授武术，能更好地促进中华文化传播。

在西方宣传佛学文化、弘扬东方文化还任重道远。在宣传本民族文化的同时，应尊重西方人的信仰和习俗，更好地融入当地社会，取得理解和支持，一方面能促进宗教团体自身在海外的立足和长远发展，另一方面也更有利于华侨华人在海外的和谐发展。

目前意大利的中国佛教团体除了积极举行宗教活动外，还在文化、教育、慈善、修持等方面积极活动，发扬佛教理念，参加各类社会公益活动，从事文化教育工作，举办学术交流等，主动融入当地社会，推动中华佛学文化在西方社会的发展。

意大利的中国佛教寺院多次举行慈善赈灾，放生祈福活动。这些佛教活动赢得了当地主流社会的普遍认可。其中放生活动更是得到当地人民的一致肯定，虽然这是一种传统的中国佛教仪式，但它直接保护了动物，尊重了动物的生存权，符合西方人的理念。虽然东西方在文化和宗教信仰上存在差异，但都有教化民众一心向善的共性。东方文化包括宗教文化应该得到西方人的尊重。

访谈3

每逢初一、十五，普华寺信众信徒聚集，香火旺盛，而在农历元宵、新年等中国传统节日，普华寺都会举行灯会、舞狮舞龙等活动，吸引普拉托乃至意大利的华侨华人甚至不少欧洲人前来。

普华寺也积极参加意大利当地以及国内的社会公益慈善活动。意大利华人华侨佛教总会会长黄树林表示："普拉托当地的救护车有部分是我们捐资的，甚至车身上还印有普华寺的标识，我们还捐赠了衣物食品、善款等，国内汶川地震时，我们也积极捐资筹款，在社会公益这方面，我们真的做得很多，从未落下。"普华寺的敲钟仪式等活动经常会有意大利当地省长、市长、大区主席等参加。普华寺在初期便是得到意大利当地天主教的支持才得以顺利建成。

普华寺的建立，能增强侨民和信众的凝聚力，维系华侨华人社会的和谐。韩槐准先生曾经这样说过："古代南洋各角落，华侨人数未多之时，贩海之商舶一到其地，憩息无所，常建简陋之亚答屋，以资登岸时之用，同时可供奉其所迷信之水神，后华侨人数渐多，资力渐富，乃改建巍峨之庙宇。"

普华寺和华意寺虽然不是华侨华人的栖身之所，但为华侨华人共同努力所建成，用作华侨华人聚会的场所之一，其中意大利华商总会、意大利罗马华侨华人工商总会、意大利罗马华侨华人联谊总会等华人社团及企业从计划建寺、筹资捐款到最后落成都发挥着重要作用。由于意大利佛教信徒众多，华意寺与普华寺落成后成为了当地华侨华人商议聚会的重要场所之一，是意大利华侨华人沟通互助

中国语言文化在海外华侨华人社会中的传播研究——基于对意大利华侨华人社会的考察
The Research on the Function of Transmission of Chinese Language and Culture among Overseas Chinese
—Research of Overseas Chinese Community in Italy

的平台和渠道。

此外，宗教信仰有推进民族团结、社会和谐发展的强大动能。为了维系同乡华侨的关系与合作，共同奋斗，华侨华人频繁举行供奉活动，设置香坛，供乡侨拈香致敬。宗教在华人华侨中的传播除了神明信仰与维系同乡关系之外，还对同乡活动有着规范约束作用，规约各自的行动，使大家能够真正做到守望相助，同舟共济。

华意寺和普华寺在意大利落户，一方面推动了中华佛学文化在西方社会的传播发展，另一方面也增强了侨民和信众的凝聚力，同时激发了广大侨民的爱国热情，维系了华侨华人社会的和谐，使之更加团结。

访谈4

普华寺自2008年开始筹措修复，2011年意大利华人华侨佛教总会开始筹建普华寺佛堂，当地华商捐资数十万欧元，后信众逐年增加。从普华寺创建之初到现在规模的扩大，未得到国内以及国外当地政府的任何拨款，全凭华侨华人信众捐赠，具有广泛的社会性。

由于当地华侨华人特别是工人阶级经常受到不公正不公平的待遇，他们的诉求和需要都得不到满足，他们的不满和意见也较难得到相关政府机构的回应。基于当地华侨华人佛教信众较多，而普华寺又成为当地少数可以开展祈祷祈福等活动的场所，渐渐地，普华寺从宗教意义上的寺庙成了当地华侨华人沟通互助的一个平台和渠道。

第三节 中国宗教助推文化走出去的对策建议

随着中国全方位走出去战略的推进，包括宗教团体在内的中国文化机构和非政府组织也正在逐渐走出国门、走向世界。但是中国宗教走出去不是政府或宗教自身孤立发展的过程，要让中国宗教进一步走出去，需要政府、宗教界与学术界相互配合，整合资源，形成合力，共同促进。

一、政府层面

宗教作为"软硬兼施"的力量，其影响依赖于一定的物质条件，如无基础设施的支持，宗教软实力便无从谈起。因此中国政府要做好顶层设计、制度建设和服务引导，为宗教发挥公共外交作用创造良好的外部条件，提供优质服务。

（一）树立明确的战略目标。为推动中国宗教更好地走出去，首先应该树立明确的战略目标，改变传统的传播策略，这样才能走得更稳、走得更远。树立起世界眼光，自觉担当责任，为构建和谐世界、促进世界和平贡献力量。其次，中国宗教走出去要以弘扬中国文化为己任，以推动世界和平与人类文明为使命。此外，中国宗教走出去应置于实现中华民族伟大复兴中国梦战略目标的需要下，开展宗教交流活动，在世界范围内传播中华民族的价值理念，维护世界文明的多样性。最后，中国宗教走出去应以宗教语言传播中华民族优秀的价值理念，宣传我国宗教信仰自由政策，树立良好的国际形象，为中国全方位改革开放创造良好的国际环境，同时也能学习和借鉴别国宗教文化的长处和优点，维护和实现世界文明的多样性。

（二）搭建国际性交流平台。开展对外友好交流活动，树立中国宗教界的良好形象，加深与世界各国人民之间的了解和友谊，为国际性的宗教交流搭建平台，根据特点有针对性地开展与周边国家的宗教文化交流活动。目前，海外的中国宗教团体与国内外政府机构尚无对接，以普华寺为例，普华寺的管理者和相关负责人并不清楚国内宗教协会或者相关法律程序，在资金和活动支持上，普华寺仅靠向当地华侨华人以及信众筹资，不知道如何与国内相关部门对接，也不知道可以与哪些机构协会联系，这就让其如孤岛一般，只能凭自身发展求生存。要实现中国宗教文化在海外更好更快地传播，不能忽视海外已有的宗教团体的作用，因此政府需要主动搭建交流沟通平台，加强与海外的中国宗教团体的联系，使其成为中国宗教走出去的重要力量。

（三）重视宗教在华侨华人中的作用，重视宗教侨务工作。华侨华人是中国宗教海外传播的主要实践者，他们是当代"信仰中国"的第二板块，是当代中国宗教走出去的重要桥梁。中国目前提出的"一带一路"倡议、侨务工作都需要宗教的力量，通过宗教走出去联络感情，消除隔阂，实现海外华侨华人对中华民族伟大复兴的共识并凝聚力量。反过来，华侨华人也是推动中国宗教文化海外传播的中坚力

中国语言文化在海外华侨华人社会中的传播研究——基于对意大利华侨华人社会的考察

The Research on the Function of Transmission of Chinese Language and Culture among Overseas Chinese
—Research of Overseas Chinese Community in Italy

量，早期的宗教海外传播始于华侨华人移民，通过华侨华人的不断努力使之在当地社会站稳脚跟，华侨华人在宗教传播中的作用可见一斑。维系海外华侨华人，重视宗教在侨务工作的作用，有利于中国宗教在海外的进一步发展。

二、宗教团体层面

中国各宗教和宗教团体作为对外交流的具体实施者，在开展对外交流中需固本强基，加强自身的基础设施和能力建设，在经典研究、学术发展、思想建设、社会服务等领域形成人有我有甚至人无我有、人有我优的全面、系统的理论、实践、制度和模式，实现宗教体制内的自我完善，否则将自顾不暇，疲于应付，即使走出国门也势必捉襟见肘，顾此失彼。

（一）加强自身基础与能力建设，树立品牌效应。为实现中国宗教海外传播的可持续发展，宗教团体应当加强自身基础与能力建设，发挥品牌效应。中国宗教需要提升走出去的层次和目标，融合中国传统文化中的优秀精神文化，丰富自身内涵，在我国的宗教资源优势基础上建立起品牌效应，在全世界范围内弘扬我们富有"世界精神"的民族文化、彰显着"合理主义"的文化信仰及相应的宗教信仰，并采取各类手段将中国宗教打造成具有标志性的文化符号，如成立国际性的中国宗教联盟，汇集全世界中国宗教资源；创造科学的中国宗教理论体系；建立正规的中国宗教文化传播中心以及定期举办世界性的宗教交流论坛。

（二）海外的宗教团体，要发挥东西文化交流的桥头堡作用，展开宗教对话。要推动中国宗教在海外的传播，需要建立宗教对话与文化交流机制，实现中国宗教的在地化。现有的海外中国宗教团体尤其是大陆的宗教团体在海外传播发展时大多局限于"单打独斗"，没有与当地文化进行交流，造成传播的辐射能力薄弱，范围小，仅局限于海外华侨华人。大陆宗教起步晚、底子弱以及经验不足，导致其在海外一直徘徊在当地社会主流之外，在政治上得不到相应的扶助，在文化上无法打开有效的渠道。相较而言，台湾宗教团体多以民间自发的名义成立，得到海外政府机构的认可，并且多次与国内外宗教协会、寺庙开展交流，得到许多相关协会机构的捐赠捐资，多方面多渠道地促进了台湾佛教寺庙在海外的发展。因此，要实现中国宗教文化在海外的稳定发展，建立与西方的宗教对话与文化交流机制是其中的重要举措，应举办中西方宗教交流论坛，实现中国宗教的在地化，促进中国宗教文化与西方文化的融合。

（三）继续加强宗教与社会活动的结合。传播是宗教本身固有的特性，中国宗教要在国外发展、扎根，必须融入当地社会，积极参加当地社会组织的各类活动，在社会活动中传播推广中国的优秀宗教文化。如中国台湾慈济在世界范围内进行慈善救助，获得海外社会的一致好评，再如佛光山团体在世界五个大洲都有分会，主要事业为慈善、医疗、教育、人文、国际赈灾、骨髓捐赠、环保、社区志愿活动，并且基金会的慈善事业运作并不分种族、不分宗教、不分国度，团体中也不乏其他宗教、种族的志愿者，融入西方社会，使它们迅速成长为世界第一大宗教团体。中国宗教文化要实现海外的扎根，需要继续加强宗教活动与社会活动的结合，通过广泛的民间交流活动，多层次、多形式、多渠道地建立国际沟通网络，创造适合中国宗教文化传播的海外民间环境。

三、宗教学术层面

学术界作为中国宗教海外传播的重要依托，不仅要发挥学术外交和智库的作用，在理论、战略与制度方面进行规划设计，同时需要利用各种渠道和平台，积极走出去开展宗教学术交流，弱化国别在宗教中的概念，为中国宗教的海外传播打好基础。

（一）发挥学术外交作用，加强中西方宗教文化交流，打造正确的中国宗教形象。中国宗教学术的对外交流也是中国宗教海外传播的重要组成部分，树立正确的中国宗教国际形象是中国宗教海外传播的关键。目前国际社会对中国宗教发展的现状知之甚少，中国宗教的国际形象与其真实现状存在较大差距，因此要加强宗教学术界的交流与沟通，形成向国际社会有效阐述真实宗教国情、政策和实践的论辩和设置议题的能力，发挥学术优势，丰富宗教传播的渠道，提升宗教传播的内涵，推动世界文明之间的交流与借鉴。这一类学术交流会以中日韩佛教友好交流协会为代表，该协会多次举办会议，在佛教与环保、佛教与和平、佛教与慈善等领域进行学术研究，发表多篇论文。宗教学术界开展学术外交，一方面丰富了宗教领域的学术研究，另一方面也加强了中国宗教与海外宗教的沟通交流，

中国语言文化在海外华侨华人社会中的传播研究——基于对意大利华侨华人社会的考察

The Research on the Function of Transmission of Chinese Language and Culture among Overseas Chinese
—Research of Overseas Chinese Community in Italy

有利于展示中国人民的精神世界，阐述中国在宗教领域取得的成绩。

（二）进行学术研究，发挥智库的作用。宗教学界的学术研究是中国宗教文化海外传播的智库，要积极为政府与宗教团体提供国内外形势分析与对策建议，精心策划传播战略，推动中国各个宗教的海外传播。首先要提高对国际宗教发展的长期趋势和当前态势的研究分析能力，突破目前制约中国开展宗教学术研究的瓶颈，进行世界范围的实地调研和资料收集，建立一个完备的宗教学术资料库。同时要形成为政府部门和宗教团体建言献策的能力。政府部门是宗教海外传播政策的实施者，宗教团体是宗教海外传播的主体，而宗教学术界是宗教海外传播政策的制定者，但是由于三者长期各行其是，缺乏交流与合作，在推动宗教海外传播的问题上行动迟缓，因此宗教学术界的智库作用不仅要体现在提供给政府部门新的政策建议，还要引导社会各界参与中国宗教传播事业，有效加强宗教智库在中国宗教海外传播中的作用。

（三）培养专业的宗教人才。实现中国宗教海外传播的有效性，需要使用国际语言传播，同时学习和了解其他国家的历史、传统和文化习俗，及时把握国际形势变化，培养对外交流人才，唯有如此，才能做到中国宗教方面海外传播的在地化。中国宗教要实现行之有效的海外传播，需要实现宗教本地化，其中极为重要的一点就是进行宗教经典作品、学术研究的翻译。目前专业的宗教人才资源严重缺乏，应加大人才培养的力度，挑选出优秀人才进行专业培训，为中国宗教的海外传播提供高素质、高学历的专业宗教人才，为中国宗教文化的海外传播创造条件。

第七章
中国语言文化传播对海外华侨华人的传播效果与评估

　　海外有6000多万华侨华人，分布在全球233个国家和地区。华侨华人是中国语言文化传播的主体，也是中国语言文化传播的客体。他们在中国文化的海外传播上发挥了巨大作用，通过旅游、经商、移民、跨国交流等形式[①]，将中国语言文化传播至居住国的华族华裔人群中，也向其他民族和文化群体传播，他们是中国优秀文化的传播者、耕耘者和守望者。[②]世界各国的华侨华人们通过开办华文学校、开设华文报刊电台、举办各类民俗活动等多种形式，保留中华民族的传统美德，传播中华文化，弘扬中华文明。数量巨大的华侨华人是中国大量的文化产品的主要消费群体，是中国电影、中国图书、中国文艺作品最重要的海外读者群，通过他们，中华文化才能在海外落地发芽，茁壮成长。文化通过媒介进行历史传承，使得"人与人得以相互沟通、绵延传续，并发展出对人生的知识和生命的态度"。[③]文化传播依靠媒介得以进行，同时也在媒介作用下与其他文化形成互动，促进不同文化的和谐发展。

第一节 中国语言文化海外传播的自身特点

　　近年来，中国GDP的增长标志着中国的硬实力已经迈上了一个新台阶，与此同时，中国语言文化也加快了向世界传播的进程。这一进程中由两股力量推动

[①]吴瑛：《孔子学院与中国文化的国际传播》，浙江大学出版社2013年版，第27页。
[②]海外侨情观察编委会：《海外侨情观察2014-2015》，暨南大学出版社2015年版，第19页。
[③]C.格尔兹：《文化的解释》，上海人民出版社1999年版。

中国语言文化在海外华侨华人社会中的传播研究——基于对意大利华侨华人社会的考察

The Research on the Function of Transmission of Chinese Language and Culture among Overseas Chinese
—Research of Overseas Chinese Community in Italy

着，一是中国政府，二是民间力量。文化外交、孔子学院、对外援助、国家形象宣传片等几乎由政府包揽，以孔子学院为例，截至2017年底，中国汉办在134个国家设立了525所孔子学院和1000多个孔子课堂，注册学员超过190万人，举办各类文化活动3.6万场，受众达1200万人。依靠政府力量进行的中国语言文化传播正以迅猛之势大范围地在海外展开，同时，海外华文教育事业随着近年来移民人数增加、移民后代人数增加，而兴起并发展，华教事业的发展也在一定程度上大力促进了中国语言文化的传播。

但是，由于华人移民在海外地域分布不同，移民时间和规模均有区别，加之各国经济、政治以及文化的差异性，在不同的国家和地域，中国语言文化传播发展的速度和深度呈现出多样性，[①]传播的内容与效果在不同的国家也有所不同。

大体而言，东南亚华人移民时间早，人数多，中国语言文化传播时间更为久远，发展的势头较好；相比之下，欧洲、大洋洲、美洲的华人移民较晚，人数较少，中国语言文化传播规模相对较小，传播内容和层次较为浅显。除了在政治可控区域内强制实施制度文化外，一般来说，文化传播实现被受众接受的途径，往往开始于外层的物质文化形态，进而影响制度文化、行为文化、心态文化。从传播的效果上说，外层形态容易被接受，但由于物质形态的文化产品离文化核心内涵比较远，其接受者往往不容易触及到其中的内涵，因此效果较差。相对而言，制度文化、行为文化等形式，一方面能比较明显地体现该文化的核心价值观等内涵，另一方面，一旦接受这些层次的文化形态，接受者的行为受到规范后，会比较自然地接受其中的心态文化，不过传播的难度也相应较大。当然，如果直接向异质文化背景的群体传播某一文化的核心内涵，如思想观念、思维方式等，难度更大，除非受众本身自愿求学。

为了更加有效地在异质文化背景下传播文化，在传播对象选择上，应当注重能较大程度体现文化核心内涵的文化形式。这样的文化形式，既能深刻体现文化核心内涵，即具有传播文化核心内涵的潜功能，又有能够满足文化接受者现实需求的显功能。目前，在西方社会，中国文化仍然处于弱势，因此在文化传播的策略上，可以选择一些具有显功能并且易于满足受众现实需求的形式，同时这些文化形式又能够完整地体现中国文化内涵。[②]

①郭熙：《华文教学概论》，商务印书馆2007年版，第50页。
②林心淯：《海外华侨华人传播中国文化的个案思考》，《福建论坛》（人文社会科学版）2012年第12期，第119-120页。

海外传播的中国语言与文化不同于传统的中华民族语言与文化，海外传播在形式、内容、途径等方面也具有自身的特点。意大利的中华文化的国际传播具有的自身特点如下：

一、多民族性。 中华文化不仅仅是汉民族的文化，也包含了中华民族各民族文化的内容和形式，在意大利共有30多万中华人，来自中国各地，不少是少数民族人士，这使得中华文化在意大利的传播也展现出一种多民族性的特点，同时呈现出一种多元性与整体性的统一，除了汉民族文化之外，还包含了中华民族其他各少数民族文化的内容和形式。但是，中华文化在海外的传播又是以中华民族文化的整体出现的，是一种多民族文化与中华文化整体性的有机结合和统一。

二、开放性和包容性。 中华文化具有开放性和包容性，这是中华文化固有的内在特质。中华文化传播到海外之后，一方面具有很强的适应性，在不同国家、不同地区、不同文化的土壤中，都可以生根发芽。另一方面，中华文化走向世界之后，在不同国家、不同文化土壤、不同宗教、不同民族、不同社会当中，都可以吸收当地文化的一些优秀成果，兼容并蓄，博采众长，从而发展出自身的文化，形成中华文化在海外华侨华人社会的一种新的文化形态。这本身就表现出了中华文化的一种包容性和开放性。

三、传播途径多样性。 一方面，每一名华侨华人都是中华文化传播的一个载体，另一方面，华侨华人社会中的华人社团、华文媒体、华文学校、华人企业、华人庙宇等等，都是海外中华文化传播的主力军。近些年来中华文化的国际传播的内容和形式也开始丰富多样起来，参与中华文化国际传播的团体、机构以及企业不断增多，呈现出全方位的发展态势。通过开展各种丰富多彩的活动，比如中华艺术、中华武术、中华美食、中华中医、中华节庆等，一方面展现了中华文化的丰富多彩，另一方面也昭示了中华文化在哲学、伦理、道德等思想内容上的博大精深。

四、现实性与时代性。 这主要表现在华侨华人在传播中华文化过程当中，怎么样让外国朋友进一步了解中国改革开放以来的伟大成就，了解现实的中国，了解现实中华文化的特点。中华文化在改革开放以来，实际上出现了一些新的文化形式和内容，这些内容对于海外的朋友认识和了解中国是非常重要的。

第二节 中国语言文化在意大利华侨华人社会 传播过程中面临的机遇和挑战

  语言文化的传播是指一国或多国共同语言从母语国向其他国家传播，在其他国家被学习和使用的现象。它涉及的不仅是语言的传播问题，还往往与国际政治、经济、文化、外交等因素密切相关。[①]中国语言文化在海外华人社会中自发传播和组织传播二者相结合，是一种最为理想的语言传播模式。自发传播是指语言接受群体根据自己的需要去学习使用某种外来语言，并去了解适应该种文化。而组织传播则是指某种组织机构如政府或者非政府组织根据特定目的，有计划、有组织地教授一种语言给原本不使用该种语言的人群。[②]

  在全球"汉语热"的热潮中，随着中国国际地位的提升，广大的海外华侨华人对中华文化的自信进一步回归。学习中国文化、懂得华语意味着掌握了最大的资源，这是一种自发性的语言传播。同时，中国教育部、国务院侨办、国内各高等学校、中国海外交流协会等各类民间组织以及海外华文学校在这个契机下，适应社会和市场的需求，有计划有组织地进行中国语言的教学和中华文化的传播，组织各类汉语师资培训，提供中文教材，着力解决"三教"问题等等，都使海外华侨华人社会中的中国语言文化得以迅速传播。

  海内海外互动密切，形成了中国语言文化传播的合力。针对海外华二代、华三代不会说汉语、不认识汉字的情况，国内不少侨乡全力支持发展华侨子女学校，各级华文教育基地、侨务工作部门想方设法进行教师培训、教材输送，开展多种形式的"寻根之旅"夏令营活动，助力海外华校快速成长，各海外华校也在探索与中国知名大学联合办学的方式共建华文学校。

  事实上，语言传播和文化的接受并非是同一概念，在中国语言文化的海外传播中，面临着不少挑战。学者吴瑛认为："中国文化在不同文化圈层中的传播效果不同，国与国之间也存在着较大差异。对于非儒家文化圈的国家，中华文化在物质文化层面取得了一定的传播效果，但是在行为文化、精神文化层面的传播效

---

①吴应辉：《汉语国际传播研究理论与方法》，北京：中央民族大学出版社2013版，第20页。

②同上。

果并不显著。"①接受方可以完全接纳中国语言，但是只能接受一部分的中国文化，而这种现象在海外华裔群体中表现得尤为突出。对此，学者吴应辉提出了汉语国际传播圈层论，他根据汉语国际传播中不同汉语区的状况，将中国语言传播分为核心圈、边源圈、外围圈和薄弱圈，②其中一个分类标准为：是否对汉语和中华文化尤其是儒家思想，在很大程度上有亲切感和认同感，如有，则划分在外围圈以内，如没有，则归为薄弱圈。对广大的华侨华人而言，不能一概而论，一代、一点五代华侨华人，对中华文化的认同感较为强烈，而华二代、华三代和华四代对儒家思想的认同感并不高，这一群体位于语言传播的核心圈，文化接受的外围薄弱圈。

第一，从中华文化传播的内容来看，重传统而轻当代。在海外中华文化传播过程当中，历史文化的传播一般不存在什么太大的问题，但是往往忽略了中国当代文化的内容宣传。让中国走向世界，让世界了解中国，这是文化传播一个很重要的目的，所以提升文化传播的当代性非常重要。

第二，中华文化对民间群体、民间方式的挖掘和重视不够，尤其对华侨华人传播中华文化作用的认识和重视不够。在中华文化的传播过程当中，除了政府和官方的一些渠道之外，还有一些民间群体、民间方式在传播中华文化。但是从现在的文化传播的过程来看，我们对民间群体、民间方式重视得还不够。

第三，对中华传统文化的核心价值理念与精华以及中华民族精神的核心品质发掘、宣传不够。在中华文化传播过程当中，应该以中华文化的核心价值观念作为传播内容的核心，但是中华文化的整体形态、核心内容到底是什么，还需要做进一步深入的研究和探讨。

第四，传播理念和方式需要进一步创新。在文化的传播过程当中，需要进一步思考怎样提升中华文化的知名度，丰富文化传播的途径和方式，或者说怎样考虑文化传播的创新方面。就文化传播的理念问题，有学者认为应该要进一步坚持"历史性、时代性、现实性、未来性、开放性、创造性相统一"的原则。③

---

① 吴瑛：《孔子学院与中国文化的国际传播》，浙江大学出版社2013年版，第2页。
② 吴应辉：《汉语国际传播研究理论与方法》，中央民族大学出版社2013年版，第84页。
③ 黎阳：《校长贾益民再度做客凤凰卫视 畅谈华侨华人与中华文化传播》，华侨大学网，2014年1月7日，http://www.hqu.edu.cn/info/1212/71955.htm。

中国语言文化在海外华侨华人社会中的传播研究——基于对意大利华侨华人社会的考察

The Research on the Function of Transmission of Chinese Language and Culture among Overseas Chinese
—Research of Overseas Chinese Community in Italy

第五，部分华裔学生对待中国语言文化的学习态度堪忧。有学者指出，部分华裔对大陆当代社会普遍缺乏深入了解，特别对当代大陆政治、经济、文化等或多或少存在一些不太全面甚至不太正确的看法，很有必要加强现当代中国语言文化学习。①根据学者李艳在加州某高校的调查发现：华裔学生与非华裔学生在学习汉语的态度上存在较为明显的差异——前者的状态是"要我学"，后者是"我要学"。她在旧金山附近和密歇根洲安娜堡的华人社区进行了走访，了解到华裔子女中有相当一部分人不愿意学习中文，甚至表现出与父母对抗的情绪。②对于这一问题，很难在短期时间内让华裔的身份认同调整至某一标准，暨南大学国际关系学院教授陈奕平认为："海外新生代华人对祖籍国身份认同意识在渐行渐远，我们要承认这个事实，也要尝试着去理解这种客观存在的转变。"他认为，华二代、华三代因在海外生存发展，"中国特性"淡化是必然的过程。③中山大学人类学系教授段颖认为："华人移民海外后，基于他们在居住国的生活经验，他们的认同与归属会产生许多复杂、微妙的变化，这些变化并不一定和中国相关，新生代选择传承或放弃华人认同，都是个体依据其在当地的社会化经历做出的选择。"④

第三节 中国语言文化在华侨华人社会传播的效果

传播效果即传播内容在受众的思想行为上引起的变化，它是传播的最终目的。研究传播效果有利于探究传播过程中出现的问题，及时匡正不适合的研究内容，完善传播渠道。近现代以来，我国对文化传播的研究取得了长足发展。近年来，在"汉语热"的大背景下，中国语言文化在境外传播这一领域有了新的突破。

---

①杨刚、朱珠：《对海外华裔青年学生中华文化认同的调查分析》，《福建省社会主义学院学报》2013年第2期，第56页。

②李艳：《在文化传播中拓展语言传播，以语言传播深化文化传播》，《语言文字应用》2014第3期，第129-130页。

③孙少锋、邵琳：《新生代"中国特性"趋弱 华人身份认同淡化需破解》，搜狐网，2016年2月17日，http://roll.sohu.com/20160217/n437641067.shtml。

④同上。

华侨华人在推动中华文化的海外传播中产生了如下效果：通过华人群体内自身的传播，有效保证了中华文化的传承；通过中华文化的传播，有效地丰富了世界各民族文化的内容，启发了各民族进行文化创造的灵感和智慧，对各民族文化的发展起到了激励、刺激、开发和推动作用，为它们的发展提供了动力。

通过对传播效果的分析我们发现：

首先，一种文化要成功地从一个民族传播到另一个民族，并为其所包容和借鉴，不仅取决于这种文化的性质和发展水平，而且还要取决于接受、借鉴此种文化的民族的态度。而这种接受方的态度受到多方面因素的影响。一方面，它受到华侨华人自身与当地融合程度的影响，融合程度越高，越有利于中华文化的传播，并促进中华文化被当地接受；另一方面，它也会受到中国与华人居住国的经济实力对比、外交关系等非文化因素的影响。

其次，任何文化传播到新的环境中所引起的反应取决于当地文化的特点，华侨华人如能将中华文化的内容有效地与当地文化融合，可非常明显地提升中华文化的传播效果作用。

文化传播的接受一方，并非是一块"白板"，而是具有一定的传统、理念和价值标准的。它们在接受外来文化的时候，往往以已有的"期待视野"模式对外来文化加以衡量，在接受新事物时将其纳入这个固有的模式来理解。因此，中华文化在海外的传播并非是一个单向的过程，而是一个与所在国文化不断磨合和适应的过程。

海外华人为了适应居住国的生活，必然会舍弃一部分祖籍地的文化。至于哪些文化被保留，哪些文化被舍弃，很大程度上取决于所在国的文化特点和"期待视野"，即便是保留下来的那部分文化，也会在适应的过程中发生变迁。因此，海外华人文化认同的形成过程，并不是简单的中西文化混合过程，而是中国移民及其后代在适应新的社会环境时建构出一种新的认同和新的文化意识的过程，种族环境和族裔韧性在此过程中扮演着重要角色。[①]

在意大利，中国语言文化传播日趋繁盛，形成了多渠道、多形式的传播局

---

① 海外侨情观察编委会：《海外侨情观察2014-2015》，暨南大学出版社2015年版，第46页。

中国语言文化在海外华侨华人社会中的传播研究——基于对意大利华侨华人社会的考察

The Research on the Function of Transmission of Chinese Language and Culture among Overseas Chinese
—Research of Overseas Chinese Community in Italy

面，但在传播效果上较东南亚差。我们也要看到，在具体吸收中国文化的过程中，物质文化尤其是饮食文化、文化古迹成为意大利华裔青少年较感兴趣的内容，一些精神文化方面的内容因传播过程较为复杂，儒家文化与基督教文化重合的内容较容易受到认同，反之则文化吸收效果不佳。

意大利Affaritaliani网引用Fondazione Intercultura基金会的一份调查报告表明，目前，意大利约有8%的学校（279所）已开设中文课程，约1.7万名意大利学生在学习和了解这门古老而美丽的语言。绝大部分学生认为，中文是继英文之后想要获取事业成功必备的语言技能。[①]数据表明，意大利的中华语言文化传播呈现出了蓬勃的发展态势，在当地的华侨华人当中产生了较大的影响。这种传播的态势与近年来华人在意数量剧增，并且在商业及各专业领域中取得的成就密不可分，同时，意大利作为一个实行多元文化政策的国家，政府允许外来民族保留并使用本民族语言文字。

第四节　中国语言文化在海外华侨华人社会
传播的效果评估体系

研究中国语言文化在华侨华人中的传播情况既是历史需求，也是时代召唤，我们可以为更好的为我国日后的海外中华语言文化传播制定相应对策。为此，我们可建立传播效果的评估体系，建立依据如下：

一、已有相关研究

中华文化对外传播总体上是进步的，但转型期的中国尚未形成稳定的又能对世界产生吸引力的核心价值体系，我们自身文化的发展不平衡，导致文化对外传播的动力源不足，出现了"文化赤字"这一情况。[②]当前，中国语言文化传播在全

[①]《意大利掀"中文热"：全意279所学校开设中文课》，人民日报海外版—海外网，2017年11月14日，http://edu.sina.com.cn/a/2017-11-14/doc-ifynstfh8040582.shtml。
[②]国家新闻办公室原主任赵启正在2006年两会上提出"文化赤字"的说法引起了广泛关注。

球范围内取得了一定效果，但是不同层次的中华文化传播效果存在着较大差异，这种差异和对象国本身所属的文化形态密切相关。[①]李希光、倪建华等学者从文化软实力视角切入，关注了中国文化在非洲和在中亚的传播效果。李宇明认为，从历史上看，中国语言文化的传播主要是移民和文化推动的结果，从当前看，传播最主要的动因是经济因素，[②]同时也存在着文化因素的推动力。武斌指出，各层面文化要素的传播并不是平行推进的，也不是平衡发展的。相较而言，物质文化、技术文化的传播更容易一些，传播的范围更广泛一些。在中华文化向海外传播的历史上，最先传播和输出的往往是中国的物产和技术发明。因此，物质文化和技术文化的传播，在中华文化向海外的传播中起到了前锋作用。相比之下，艺术文化、制度文化的传播要缓慢一些，传播的力度也相对弱一些；而作为文化核心内容的价值观和意义体系，其传播和影响所受到的限制就更多一些。[③]

更多学者的观点是：语言文化在海外华侨华人社会中的传播是中国软实力的具体体现，作为软实力的核心——文化，其影响力作用也日益凸显，目前大部分的研究着重关注宏观的整体的中国语言文化影响力，或者关注于在某个国家或者区域的中国影响力，缺乏一些数据上的支撑。

二、信息论分析

语言与文化的传播是流动的过程，也是信息传播、信息加工的动态过程。从信息论角度看，文化传播是一个信息从传播者流向接受者的过程。传播者和接受者都是十分重要的传播两极，他们各自的主要因素（自我形象、个性结构、社会环境）都对传播内容产生了很大的影响。我们可以结合香农的信息论和哈罗德·拉斯韦尔的"5W"理论，具体分析中华语言文化海外传播中的传播者、传播受众和传播媒介三个主要因素。

---

①吴瑛：《孔子学院与中国文化的国际传播》，浙江大学出版社2012年版，第4页。
②李宇明：《什么力量在推动语言传播》，第九届国际汉语教学学术研讨会开幕式的主题发言文稿。
③武斌《文化传播论——以中华文化在海外的传播来讨论》，《社会科学辑刊》1998年第5期，第43页。

中国语言文化在海外华侨华人社会中的传播研究——基于对意大利华侨华人社会的考察

The Research on the Function of Transmission of Chinese Language and Culture among Overseas Chinese
—Research of Overseas Chinese Community in Italy

（一）传播者因素。

华侨华人作为中国语言文化的传播者，需要具有一定的传播能力。在讨论这个问题的时候，我们要把华侨华人进行一定的区分，华侨华人中有些是新移民，有些则是移民二代、三代，在意大利，一代移民已日渐退出历史舞台，二代、三代移民较为常见。老一代的华侨华人们往往是传统中华文化的传承者，对祖籍国有着深厚的感情，他们通过办华校开社团，在语言教育、文化传承方面不遗余力地进行推广工作。但华裔新生代是语言文化传播的生力军，是本书研究的传播者，他们需要具备什么样的能力？

华裔新生代需要具备传播意愿。华裔新生代对于自身华裔身份的认同，对中国文化的向往使得他们具备了一定的可能性成为中国语言文化的传播者，而他们的语言优势、文化优势、经历的丰富性、年纪轻、思维活跃、容易接受新事物这些特点在中国语言文化的传播中存在着天然优势。华裔新生代作为中国语言文化传播者的必要性将随着时间的延伸而不断增大。[1]

传播者通过接受文化，在传播内容的选择上，会更倾向于真实客观内容的描述，以较为正面的语言向广大的华侨华人以及居住国人民说明和介绍当今中国和中国人的情况，其传播内容更有说服力，能最大程度地降低受众对中国文化的误解偏见。

华裔新生代需要具备一定的影响力。个人影响力是语言传播主体影响力构成要素中的主体，也是其中最大的变量。[2]同是传播主体，由于采用的方式不同，在社会中的知名度不同，社会地位不同，在受众中产生的传播的影响力也不同。华裔精英所具有的影响力通常是华裔非精英的几倍，如果是精英组织，那么它的传播影响力则会扩大几十倍。

华裔新生代还需具备鉴别文化的能力。中国文化博大精深，所有文化都可以说是知识文化，其中一部分与会话交际理解密切相关，会影响到跨文化交际，譬如某些思维方式、习俗、语言规约等，这部分可视为交际文化。知识文化与交际文化彼此不是分立关系，而是包含关系。[3]从时间跨度说，一般可分为古代文化

---

①安然、魏先鹏：《华裔新生代的跨文化传播能力分析》，《理论平台》2013年第11期，第37页。
②张政法：《语言传播主体影响力构成解析》，《广电空间》2013年第8期，第63页。
③陆俭明：《汉语国际教育与中华文化国际传播》，《同济大学学报》2015年4月，第82页。

与当代文化，那么何种文化具有传播的价值，需要传播者具有一定的文化鉴别能力。在语言文化传播中，"文化的呈现应取平和、务实、超然的心态"。①

传播者需利用"多重文化叠合"的优势，讲好中国故事。由于久居国外，传播者内心深处的中国文化和居住国文化之间是不可能完全处于对等的平衡状态的，越来越多的研究表明：华裔新生代对于不同文化的包容性、接纳性已经达到了很高的程度，这意味着，传播者会全方位地接受多种文化的存在、思维方式及价值观，又不以改变对方作为前提和条件，保持文化的延续性、地域性，外来的、本土的、民族的，一切交织在一起，凝结成了多重文化的叠合。②从而形成新生代华裔特有的"华裔文化"。"多重文化叠合"的归因是"全球化"，跨文化的传播与融合是多文化的相互作用，这并不妨碍多重文化叠合的传播具有优秀的传播能力。

传播者自身的语言素质、文化适应能力是决定传播效果的重要因素。青春年少的华二代，本身的文化心理状态处于经常性的波动之中，我们可以用以吕斯高（Lysgaaerd）的U—融合曲线模式（U—curve Pattern）反映语言传播到文化传播的现象：在传播的过程中，刚开始，华裔新生代对中国文化充满着向往，对中国文明高度期望，U曲线达到顶点；深入了解后则会逐步经历痛苦和排斥的过程，U曲线滑至最低；随着传播和交流的程度不断加深，传播者对于中国文化的认识度、满意度又会恢复到一个新高度，并逐步提升融合度，U曲线重回顶点。这一过程，可以称为传播者的"初始期""危机期"和"恢复适应期"。传播者在传播中国语言文化的过程中，都会伴随着这个"U曲线"进程，这导致传播者的状态并不稳定，在一定程度上会影响传播效果。③

（二）传播受众因素。

受众是文化传播行为的直接目的，传播的意义就是希望能对受众的行为产生影响，因而，传播受众研究应当是文化传播研究不可忽视的部分，文化传播不是单向度的传播，受众在传播过程中体现出一定的主体性，如果不考虑受众对信息的接受心理、价值观念，就难以实现成功的传播。④长期以来，文化传播行为一

---

① 李泉：《文化内容呈现方式与呈现心态》，《世界汉语教学》2011年第3期第25卷，第388—399页。
② 宋柏年：《世界文明尊重原则与澳门的多重文化认同》，《北京大学学报》2006年第4期，第12页。
③ 樊荣：《语言推广与文化融合问题研究》，东北师范大学博士论文，2012年，第16页。
④ 朱芳瑜：《中华文化对外传播现状和策略研究》，南京师范大学硕士论文，2011年，第63页。

中国语言文化在海外华侨华人社会中的传播研究——基于对意大利华侨华人社会的考察
The Research on the Function of Transmission of Chinese Language and Culture among Overseas Chinese
—Research of Overseas Chinese Community in Italy

直被定位为国家官方举动甚至是国家外交的一部分，这保证了它的稳定性、长期性，但同时大大局限了文化传播应有的内涵，限制了人们文化传播的思路，在界定传播内容上和择取传播渠道上更趋于狭隘。

从传播受众角度而言，如果接受方文化发展水平低于传播方，还没有达到能完全理解传播来的文化的程度，或者尚不具有接受它的需要，这时的文化传播及其影响就可能是有限的。如果相接触的文化都已经达到完备和成熟的程度，这时的文化传播虽然也有一定的作用和影响，但不足以改变接受一方的文化模式和发展方向，不会改变此种文化的基本理念和思考方式。[①]这种论点过于强调文化的发展水平，忽视了传播受众本身的信息接受能力、信息加工动机和信息接受机会。

学者黛博拉·麦克英尼斯（Debo-rah MacInnis）和伯纳德·贾沃斯基（Bernard Jaworski）整合已有的说服信息加工理论，形成一个整合的理论框架，又进一步将刺激的存在、信息的重复呈现等从能力因素中分离出来，并概括为机会（Opportunity，O）因素、动机（Motivation，M）因素和能力（Ability，A）因素，它们并列为说服传播的三大前置条件，合称AMO。[②]蒋晓丽、张放（2009）认为国际文化传播取得理想效果的主要障碍在于目标受众的A（能力）、M（动机）、O（机会）三因素水平普遍较低。中国文化的海外传播在很多时候目标受众不清晰，传播者常常不知道自己在同谁讲、讲给谁听，定位上的这种模糊性让海外传播实效大打折扣。

本章节将运用这一概念阐释华侨华人作为传播受众，信息接受能力、信息接受动机、信息接受机会三因素的表现情况。

受众接受能力（A），即华侨华人的信息加工能力，受众是否具有必要的知识储备和讯息理解能力是加工能力的主要衡量要素。在中国语言文化传播过程中，华侨华人本身已经具备了一定的中国文化或者中国语言的背景，在接受信息源的时候，不会出现陌生的情况。他们中的差异在于三点：

一是对信息国的基础知识储备量多少的差异。新移民可能会很清楚中国的民族概况、地理概况、文化民俗、语言文字组成等等，但是华裔二代或者三代，他们的基础储备量会有层次上的深浅之分及内容上的广度区分。一般而言，如果是

---

①武斌：《中华文化海外传播的历史规律》，《光明日报》2008年8月21日，第5版。
②蒋晓丽、张放：《中国文化国际传播影响力提升的AMO分析——以大众传播渠道为例》，《新闻与传播研究》2009年第5期，第16卷，第4—8页。

在华人聚居区，或者地理上离中国距离较近，华裔华人对于信息国的知识储量要略多于距离较远的国家；在文化血缘相近的的国家如日本、韩国，同属亚洲文化圈的华侨华人所掌握的中国知识储量要多于文化完全异质的国家，如美国、西欧国家。

二是对信息源的理解能力的差异。这种理解能力和受众本身的语言认知，文化意识，思维习惯都有密切关系，差异表现较为明显。一般而言，居住国文化与中国文化是同一文化类型的，对信息源的加工能力会较强。可见，在异质文化中成长的华裔和在相似文化类型圈中成长的华裔，对于信息源的评判方式和理解能力有着较大区别。

三是跨文化理解能力的差异。这种能力表现为能对信息国的发展和现状有所关注，并能理解和阐释该国人日常生活中的行为习俗、价值观念等文化信息，这也是加工文化信息能力最高层次的表现。[1]事实证明，华裔华人都具备较强的跨文化理解能力，华裔中个体的区别并没有前两点来的大。

综合以上三点，整体而言，华一代在信息加工能力方面最有优势，而华裔新生代个体之间存在较大差异，并不完全具备解读信息国文化信息的必要知识，对于中国文化中特有的现象、文化活动、文化符号等多少存在理解上的困难。这意味着，在中国语言文化传播中，大部分的受众A因素水平不高。

受众的信息动机水平（M因素）。M因素是受传者的信息加工动机。华侨华人作为中国语言文化传播的接受者，从理论上而言，他们具备信息源加工的动机，但是动机的强弱程度是受到一些因素制约的。信息源如果不能让受众有兴趣，与受众关系不大，受众的信息加工动机就会减弱。信息源是否与接收方有关系，在很大程度上决定了接收方对于信息源的加工动机。由此我们可以推测：在中国语言文化的内容中，物质文化层面的、行为文化层面的内容应该是华裔们希望了解的，但是政治的、意识形态层面的，华裔新生代并不认为这与他们的生活有什么关联，对待不同的信息源，他们的加工动机有强弱之分。

作为信息源的接收方，首先判断的是信息是否有用，其次要判断信息的背后

---

[1]蒋晓丽，张放：《中国文化国际传播影响力提升的AMO分析——以大众传播渠道为例》，《新闻与传播研究》2009第5期，第16卷，第4—8页。

中国语言文化在海外华侨华人社会中的传播研究——基于对意大利华侨华人社会的考察

The Research on the Function of Transmission of Chinese Language and Culture among Overseas Chinese
—Research of Overseas Chinese Community in Italy

蕴藏的意义是否符合接收方的心理特点、思考习惯、审美习惯，再决定是否加工。以语言传播的角度来说，华侨华人在心理上不会抗拒中国语言的输入，当信息源出现的时候，他们首先接收到的是语音，然后是意义，如果当这个语音在接收方听来显得非常可笑的时候，就不会出现意义的输入，传播的效果也受到了一定的影响。我们发现，大部分的华裔在刚开始接受中国语言文化的时候，对于信息有着较强的加工动机，他们迫切需要这种动机来展示他们和周围人的不同——会另一种语言，比别人多一项技能；但是慢慢地，当汉语这种以意义聚合为形式的语法结构挑战他们的形式语法结构思维时，受众出现了语言回避现象，他们对于新的信息源加工动机开始减弱，有些甚至停步不前或者倒退，传播效果大打折扣。只有在接收方对于信息源产生一定的认知需要时，这种动机才会一直持续，这可能是由兴趣激发的，也可能是基于个人的义务或责任产生的。

华侨华人的信息加工机会（O因素）。O因素是受传者的信息加工机会，是指受传者所处的环境在多大程度上有利于信息的加工。在中国语言文化海外传播过程中，O因素应该涵盖以下几个方面：

一是接收方接触中国语言文化的可能性。

作为华侨华人后代，大部分人在日常生活中几乎每天都会接触中国语言文化，但在一些地方这种可能性也是较低的。意大利中小城市和边远城市没有开设华文学校或者孔子学院，不少华二代的父母忙于生计，很难有时间和孩子进行语言交流，这就造成了接触可能性的降低；在一些国家，可能在某个特定的历史阶段，出于政治方面的考虑，华裔被强制性地切断了语言文化接触的可能。

二是接收方接触中国语言文化的方式方法。

对大部分新生代华裔而言，接触中国语言文化的方式丰富且多元。传统的华校上课方式仅是其中一种，通过电视新闻互联网社交软件学习、和懂得较多中国语言文化的人聊天、在家里接受父母教育、生活在华人聚居区自学成才等方式都是比较普遍的接触方式。从传播学的视角看，接触方式可以分为大众传播接触、人际传播接触、自我传播接触：通过大众媒体学习属于大众传播，与人聊天则是人际传播，而自己复习或是思考应属于自我传播。有学者通过问卷得出接受方对这三种接触方式的满意度，证明：在所有的接触方法中，除了学校上课，最主要的是与人聊天，近七成以上的人对其学习效果感到满意，无论是使用频率或满意度都高于大众媒介，说明在目前的汉语传播模式中，人际传播的效果明显优于大众传播。[①]

三是接收方接触中国语言文化的时间、频率。

华侨华人作为文化接收方，接触的时间和频率很难统计。我们以意大利全日制学校为例，接触时间最长的应为一周五个半天的学习时间，约20个小时，这是访谈中我们得到的最高值的接触时间和频率。如果以周末制中文学校为例，一周接触的时间最多为8小时，这是较为普遍的数据。与学校固定的接触时间相比，家庭教育是在随时随地、潜移默化中进行的，华裔新生代更倾向于这种柔性的语言文化接触方式，在这一环节，家庭教育的时长和频率直接决定了接触机会的大小，对语言传承起到了关键作用。

（三）传播媒介因素。

在中国语言文化海外传播的国际竞争中，我国虽然已经初步形成了包括印刷媒体、广电媒体、网络媒体和通讯社对外发稿组成的对外传播系统，国际传播实力获得了显著的增强。但语言文化的海外传播是一项较为庞大的工程，不能将传播渠道仅局限于媒体的传播渠道。实际上，广大的华文学校、华人社团既是传播主体，也是传播渠道，上文已阐释了如何发挥华文学校、华人社团在传播中的渠道作用。[②]

要实现传播的良好效果，每种渠道都不能忽视，一切新媒介都应当为我所用。国内也有官方的、民间的以及半官方的机构致力于文化传播的推动。一方面是巩固和创新运用传统渠道如电影、电视、广播、报纸、文学出版等等，这些长期以来文化传播的主阵地如今仍在发挥重要作用，但要让这种作用更大，效果更好，关键在于创新。另一方面，传播渠道应该在传播方式上贴近受众的民族特性、生活习俗和理解习惯，唯有如此，文化才能落地生根，传播效果才有保证。在亚洲，以韩国电影为主的"韩流"文化攻占市场，表现各种生活现实的电视剧电影超越了语言、文化界限，能被不同文化背景的受众接受，跨越地理的界限。这说明，只有研究透传播受众的心理、文化背景，才能有的放矢地进行语言文化传播，达到一定的传播效果。

[①] 张国良、陈青文、姚君喜：《沟通与和谐：汉语全球传播的渠道与策略研究》，《现代传播》2011第7期，第49页。
[②] 陶大坤、丁和根：《中国对外传播渠道建设之路径选择》，《当代传播》（汉文版）2010年第5期，第11页。

中国语言文化在海外华侨华人社会中的传播研究——基于对意大利华侨华人社会的考察

The Research on the Function of Transmission of Chinese Language and Culture among Overseas Chinese
—Research of Overseas Chinese Community in Italy

综合德国、西班牙、日本、韩国的海外语言传播模式，建议采取官民并举的多种办学形式，动员各界力量积极参与推广活动。中国语言文化走出去应采取由政府推动和支持、以民间为主体、多方力量参与的方式，充分调动社会各方面的积极性，开展领域协同、行业协同和国际协同。除了目前孔子学院采用的中外双方合作办学的模式，还可以对海外华侨华人在当地举办的汉语教育机构、华文学校大力扶持，引导相关团体在当地建立汉语教育机构，通过派遣教师、提供学习教材等方式对这类教育机构提供援助，特别是建立和完善非营利性机构的国际团体在海外的办事处。作为华文学校、汉语机构以及孔子学院的辅助力量，该办事处可以根据交流团体的设立目的、具体业务等自行决定，国家和政府不予干涉，但可以提供必要的支持和帮助。①

只有受传者与信息国文化之间渠道畅通，整个语言文化的传播过程才能完成，来自信息国的讯息才能被受传者接受并让受传者对其中的信息进行加工。而传播渠道的多少也决定了受传者在一定的时间范围内有多大的可能性接触到信息国的文化信息、是否能够经常接触以及每一次接触是否能持续较长的时间。接触的可能性越大、频度越高、持续时间越长，越有利于对文化信息进行精细加工。常见的国际文化传播渠道主要有官方文化交流、民间文化交流、新闻媒体报道、文化产品营销与消费等。看起来似乎范围很宽泛，实际上在海外，文化产品——电影、书籍、音乐等，吸引力并不强，新闻媒体的传播形式单一分散，内容也偏重于说教。

通过以上对传播者因素、传播媒介情况、接受者因素三者的理论分析和现实分析，本书确定了各层级之间的隶属关系和重要程度，制作出下表，说明中国语言文化在海外华侨华人社会中传播效果的相关因素。

表2　中国语言文化在海外华侨华人社会传播效果的相关因素

一级指标	二级指标	三级指标
传播内容	传播语言	语言
		文字
	传播文化	物质文化
		非物质文化（宗教等）

---

①卢晓晴、冯刚：《中国语言文化国际传播的借鉴与反思——基于日语国际传播的比较》，《理论平台》2015年第11期，第56页。

续表

一级指标	二级指标	三级指标
传播者	传播能力	自身语言文化素质
		一定社会影响力
		积极利用"多重文化重叠"优势
		文化鉴别能力
	传播意愿	传播动机
传播渠道	华文学校（社团支持）	教育教学活动（师资、教材、课程）
		媒体宣传
		组织协会
		华侨社团支持
	华文媒体（社团支持）	与国内媒体交流互动
		内容自创、原创
		采编团队
		覆盖度
	社团	国内联系
		资金人力支持
		组织各类文化活动、提供场地
	宗教	中国传统文化、行为传承
		美德传承
传播受众	接受能力	知识储备能力
		信息理解能力
		跨文化适应能力
	加工动机	信息源加工动机
	加工机会	接触中国语言文化的可能性
		接触的时间、频率
		接触的方式与方法

中国语言文化在海外华侨华人社会中的传播研究——基于对意大利华侨华人社会的考察

The Research on the Function of Transmission of Chinese Language and Culture among Overseas Chinese
—Research of Overseas Chinese Community in Italy

第八章
中国语言文化在意大利华侨华人社会中
传播的对策建议

华人社团、华文学校、华文媒体是中华文化对外输出、传播工作中不可或缺的平台和渠道。在推进中国全方位"走出去"战略的过程中，这些海外组织应该摒弃单打独斗的旧模式，通过国内政府及相关部门的牵线搭桥，与国内相关组织机构共同搭建海外中华文化传播体系，有效引领海外侨胞在推进中华文化国际化的实践中实现自我价值。

第一节 加快中国语言文化走出去制度建设

政府相关部门首先应明确文化走出去的战略目标是使中国文化、中国模式走入他国人民的内心。因此，应改良过去单边强调"走出去"、经济利益优先、缺少创新的传播思路。文化交流是"民心相通"的重要前提，中国文化"走出去"战略应致力于加强文明互鉴、文明共存，让世界理解、尊重、信任中华民族的价值理念，维护世界文明的多样性。

其次，政府有关部门在制定语言与文化对外传播政策时，应着重考虑政策对海外华人组织的影响和引导作用，谋求互惠互利。通过经济、政策上的支持和优待，借助海外华人社团既有的专业能力与资源渠道将国内相关产业带上世界舞台，使华人组织成为中国文化输出的重要港口。此外，政府有关部门应时刻保持对各领域华人社团动态的关注，熟悉各团体在专项上的能力，组织相同领域内国内外社团组织间的交流沟通，鼓励双方共同参与筹划各种社会事业。以完善的制度、优质的服务为海外各类社会组织发挥作用提供优质土壤。

一、积极在海外组织中培育示范单位，发挥辐射作用

侨办、教育部门及宣传部门应重视各类华人组织在推广中华文化的重要作用，通过培育一系列示范性单位，在海外形成一定的品牌效益和口碑效益，带动所在地区的中华文化和相关产业的发展与推广。有关部门还要加大对重点示范性华人组织的投入力度，挖掘出更多有资格的华人组织，扶持培养，使其做大做强，成为具有中国化概念的强势组织单位，在推进中国文化"走出去"的工作中发挥辐射所在国乃至全球的战略作用。海外华文学校和华文媒体的作用和价值同样不可忽视。海外华文学校在诸多中国文化推广的教育形式中拥有正规、基础深厚、教学效果出众的优点，在凝聚华人、维护民族文化传承上具有关键作用。海外华文媒体是中国海外舆论的先头阵地，良好的利用有助于发扬中华文化、提升中国的国际影响力。侨办、教育部门及宣传部门应同样对这两大平台实行重点培养示范性单位的策略，使中国文化"走出去"的战略得到进一步贯彻与实施。

二、政府成为海外各类华人组织的保障者，担任后盾，促进合作

海外各类华人组织旨在为华人群体提供各领域的专业服务，因此在发展过程中需要得到社会各界的支持，以保证更加频繁的国际联系与合作。通过围绕中国文化"走出去"进行合作与交流，并解读有关政策，使海外华侨意识到将中国文化推向世界的重要意义和发展机遇，形成并增加传播中华文化的使命感和主动性。

政府部门应充分发挥牵线搭桥的职能，利用华侨华人熟悉中西方文化的天然优势，鼓励海外华人致力于发展海外文化创意产业，并对投身相关产业的侨胞群体给予制度和经费上的保障和支持，帮助构建国际化交流平台，关注和助推海内外华人组织的全球化时代转型进程，谋求扩大其生存与发展空间。

通过国际化交流平台的搭建，引导并完善国内相关产业向海外输出途径，帮助海外华人组织开拓发展，摆脱赞助、捐赠等单一的筹资方式，形成自给自足的造血机制，进而促进中国文化树立在海外的良好形象，加深各国人民之间的交流和情谊。

中国语言文化在海外华侨华人社会中的传播研究——基于对意大利华侨华人社会的考察

The Research on the Function of Transmission of Chinese Language and Culture among Overseas Chinese
—Research of Overseas Chinese Community in Italy

三、重视华侨界领导人才作用，引导、培训一批有潜力的中外沟通人才

中国在实践"一带一路"倡议、开展侨务工作的过程中，迫切需要提升华侨华人在海外推广中国文化的经验和能力。通过华侨同胞的交流沟通扫除隔阂，方能达成全球华人对实现中华民族伟大复兴的共识与合力。随着中国国力不断增强和国家对中国文化"走出去"战略的重视，有关部门不仅要意识到海外华人同胞对于早期中国文化传播做出的卓越贡献，更要积极团结海外华人组织，形成合力。建议有关部门从海外华裔青少年中选拔一批双语能力出众、熟知所在国与中国语言文化的人才作为中国文化走向海外战略的后备军，让他们在更高层次的文化教育机构深造，以此为中国乃至世界培养稀缺的双语翻译人才，也使得华裔子女能成为未来推动中外文化交流的核心力量。有关部门也应给予在海外拥有一定社会资源和影响力的侨界领袖相应的帮助，让他们为各界做出更卓越的贡献，成为中外文化交流的桥梁。

四、树立明确的战略目标，以弘扬中国文化、推动世界和平与人类文明进步为使命

中国政府要做好顶层设计、制度建设和服务引导，为推广中国文化创造良好的外部条件，提供优质的服务。通过宗教语言传播中华民族优秀的价值理念，同时学习和借鉴别国宗教文化的长处和优点，维护世界文明的多样性。通过搭建国际性交流平台，根据周边国家的特点，有针对性地开展对外友好交流活动。同时，政府应主动对接海外已有的华人宗教团体，使其成为中国宗教走出去的重要力量。重视宗教在华侨华人中的作用，重视宗教侨务工作。侨务工作有关机构要重视宗教对华人群体的作用，借由宗教交流消除隔阂，凝聚海内外华人对中华民族伟大复兴的向心力，推动中国语言文化在海外的进一步发展。

五、开展多层面的合作

政府应该在各地选择一些初具规模、对华友好、在当地有一定影响力的海外

华文媒体加以扶持，使其在全媒体时代转型、做大、做强，成为海外具有中国概念的强势媒体。同时通过建立沟通渠道、提供技术及信息咨询与培训等，从文化的角度帮助海外媒体与国内媒体、地方政府、国内广告资源联系与合作，促进国际性交流平台的构建。国内的媒体可通过工作经验和华文传媒的专业建设内容介绍，帮助海外同行在专业人才培养、新闻采编、节目制作等方面提升传媒水准，进一步拓展其生存和发展空间。通过顺应全球化媒体融合的大趋势，举办各具特色的"汉语比赛"，发动海外华语电视媒体引进国内优秀的节目，展现中国文化的魅力，激发全球学习汉语的热情。同时将非华裔族群纳入受众范围，扩大我国文化产品在海外平台的输出和世界舆论影响力。

六、构建人类命运共同体

政府应提供侨务公共服务的平台，为海外各类华侨华人组织与国内相关行业、部门搭建合作桥梁。以建立沟通、提供技术及信息咨询与培训等服务，帮助海外华侨华人社团的转型与升级。另外海外华社还可通过自身优势开拓经济来源渠道，形成自身造血机制，实现华侨华人社团带领中华文化走出去的目标。

要实现中国宗教进一步走出去，需要政府、宗教界与学术界相互配合，整合资源，形成合力，共同促进。

学术界要发挥学术外交和智库的作用，在理论、战略与制度方面进行规划设计，同时利用各种渠道和平台，积极开展宗教学术交流，弱化国别在宗教中的概念，为中国宗教的海外传播打好基础。

（一）发挥学术外交作用，加强中西方宗教文化交流，塑造正确的中国宗教形象。通过加强宗教学术界的交流与沟通，向国际社会有效阐述真实宗教国情、政策。发挥学术优势，丰富宗教传播的渠道，展示中国人民真实的精神世界，推动世界文明之间的交流与借鉴。

（二）进行学术研究，发挥智库的作用。宗教学术界要提高对国际宗教发展的长期趋势和当前态势的研究分析能力，同时以积极沟通的形式发挥智库作用，帮助政府部门实施宗教相关政策，促进宗教团体在海外的传播。

中国语言文化在海外华侨华人社会中的传播研究——基于对意大利华侨华人社会的考察

The Research on the Function of Transmission of Chinese Language and Culture among Overseas Chinese
—Research of Overseas Chinese Community in Italy

（三）培养专业的宗教人才。通过深入研究所在地的风土人情、把握国际宗教发展趋势、翻译宗教经典和学术作品、加大专业宗教人才的培养力度，实现中国宗教文化在海外的有效传播。

第二节 丰富中国语言文化海外传播实践内容与方式

综上所述，中国语言文化在海外的传播有4个渠道，分别是华文学校、华文媒体、华人社团和中国宗教。

海外华文学校是传播中华文化的重要场所，加强海外华校传播中华语言文化有利于提高中国文化软实力，所以加强其作用很有必要，对此，提出以下建议：

一、转变华文学校发展观念，推动华文教育在意大利的传播

华文学校教育应以社会需求为导向，根据自身条件进行可持续性发展规划。在招生宣传、教育教学中提高针对性，融入中国民俗文化，同时充分考虑学生的汉语言水平、年龄和背景差异，时刻关注在读学生的学习进度和需求以及潜在生源的需求变化，不断完善课程和班级设置。以与国内义务教育建立学分互认制度的方式，来实现与国内华文教育的对接融合，从而提升教学质量，扩大教育需求。

二、夯实基础服务社区，提升华校形象

意大利华文学校应从两方面着手，稳固社区关系：服务好当地华侨华人，提升面向整个社区的服务力。通过社区内华侨华人群体、国内相关组织机构以及华文学校自身等渠道将国内优秀的文化艺术引入社区，增强社区的多元文化交流，提高社区对华文教育的接纳度，提升华文学校的形象和影响力，使华文学校成为当地民众与华侨华人相互沟通与理解的平台和主阵地，从而促进社区内当地民众与华侨华人之间的沟通协作。

三、利用意大利多元文化环境和资源，与当地主流社会密切联系，深入中意文化交流

华文学校在坚持内生性、市场化的基础上，应建立起属于自己的联合组织，积极争取中外各级政府更多的政策支持。同时，各校还要做好组织发展的长远规划，加大对教师的培养力度，以提升本校的师资水平，提高教育教学质量，从而提升学校的知名度，建立学校的品牌。

四、意大利华文学校应设法建立与当地孔子学院的协作关系，更好地为传播中华文化做出积极贡献

华文学校与孔子学院应加强联系，在师资、教学资源上共享，围绕华文教师培训、文化活动开展等方面进行合作，更好地以当地人喜闻乐见的方式推广中华文化。

五、深化华校联合体内涵

意大利华文学校需接受市场考验，形成良性竞争机制，在真正意义上共同创建意大利华文学校的联合体。通过让意大利华文学校接受市场考验，优胜劣汰，形成良性机制，具有一定资质的优秀华校可申请转型为国际学校，进而进入主流教育体系，更好地发挥意大利华文学校在海外传播中国语言文化的重要作用。

六、海外华文媒体应遵循"内容为王"的原则，打造立体式多媒体平台，向海外中文学习者和外国用户提供精品内容

作为当地华侨华人语言文化学习的重要途径的媒体，海外华文媒体正和国内媒体共同面对如何在全球化背景下转型的挑战。

意大利华文媒体可通过借鉴成功案例，围绕政治经济传播学的三要素——商品化、空间化和结构化方向，量身设计转型发展模式。通过发挥自身便于采编所

中国语言文化在海外华侨华人社会中的传播研究——基于对意大利华侨华人社会的考察

The Research on the Function of Transmission of Chinese Language and Culture among Overseas Chinese
—Research of Overseas Chinese Community in Italy

在国各种资讯的特长，遵循"内容为王"的原则，充分考虑当下华侨华人年轻群体及外国中国语言文化学习者的阅读习惯、内容偏好。通过整合传统信息源和传媒渠道，并善用新媒体平台传播快、覆盖广、互动多的优势，提高信息资源的利用效率。同时以"信息+服务"为捆绑式集合模式，代替以往传统媒体单一化、扁平化的传播及经营模式，促成一个多层次、跨媒体、全球化的华文传播网络，把华人社会的信息、动态、趋势，源源不断地传送给中国和世界，打造中国新国际形象。

七、借力海外主流媒体，多渠道拓展，转型为多元化经营

媒体可实行多元化的经营，通过节目来源多元化、盈利模式多元化、受众多元化开拓等，将信息传播和节目投放范围延伸到其他华人区域、反射回祖籍国或者打入其他少数族裔群体中，增加商机，扩大华媒和华人的影响力，建立自己的传媒品牌。在具体进入海外过程中，中国媒体可借力西方主流媒体，合作交换进入。因为西方媒体在国际传播中强势且权威，国外受众对其更为青睐信任并深受其传播模式的影响，我国传媒机构如果单刀自入，势必困难重重。因而，我们可以秉承"小求所有，但求所用"之理念，与西方主流媒体合作，以具有影响力的跨国传媒为载体，传播国内媒体制作的内容。①

八、探索华人社团的运作模式

应通过华人社团投资华文媒体、华文学校、组织各类活动等自发组织形式，结合政府相关部门给予的大力支持，促进华人社团的自我实现与自我发展。

在中国语言传播的过程中，发挥华人社团的作用很有必要，需结合国内相关政府部门、教育部门的力量，共同推动华侨华人在意地位，促进华社在意大利的发展，对此，提出以下建议及对策。认清中国文化"走出去"与华人社团的海外

---

① 陶大坤、丁和根：《中国对外传播渠道建设之路径选择》，《当代传播（汉文版）》2010年第5期，第13页。

传播意义二者之间的辩证关系，应不断提高华人社团的社会地位来提升汉语经济价值，不断提高自身所具有的中国传统文化涵养，以华文学校、华文媒体等传播方式来展示中华文化的主要形象。华人社团还应通过公共外交共同维护中国主权和领土完整，实现国家统一，从而强化中国力量。通过行之有效的侨务工作，发挥华人群体优势，维护中国海外利益。认清传播中华文化与住在国文化二者之间的关系。意大利教育部门应专门设立多元文化部门，鼓励意大利境内少数民族传承本民族文化，共同参与意大利社会发展，必须利用多元文化政策，促进移民国家内部交流，达到各民族之间的平等。海外华人社团应因地制宜，遵守当地的法律法规，尊重当地的风俗宗教习惯，弘扬传播中华文化。认清国内政府部门与意大利华人社团的关系。政府应出面支持华人社团开展文化传播，同时避免引起居住国民众和政府的误解，通过华人社团增强华人自身素质，自觉开展各类文化活动，从而避免国内政府部门与意大利社团的矛盾与冲突。

九、建设海外人才库

加强教育与培训，实现意大利华人社团功能进一步转型和升级。海外侨胞应树立"文化自信"，在海外积极继承和弘扬中国语言文化，鼓励华人社团侨领开展多项工作，积极反馈社会，促进当地华人社团在意大利社会的和谐发展，提升华人群体的文化形象。充分运用国内资源，同时调动和挖掘当地侨社的文化资源，开设在意的华人华侨文化中心。

应充分调动华侨华人社团资源的积极性，联动国内相关机构在意大利华侨华人聚集的城市设置多元华侨华人文化中心。通过举办多种形式的中外文化交流活动，推进中华语言的传播，使该文化中心成为当地华侨华人以及侨社提高自身文化素养的平台。

重视华人社团尤其是社团中华裔人群在中国语言文化推广中发挥的中坚作用，并建立海外人才库。

海外华侨华人社团作为推广中国语言文化的重要力量，华侨华人的双重身份必须得到充分认识和高度重视，同时也要认识到社团中华裔青年在海外中国文化传播环境下的潜在价值，重视意大利的中国新移民在语言与文化推广中的作用。

中国语言文化在海外华侨华人社会中的传播研究——基于对意大利华侨华人社会的考察

The Research on the Function of Transmission of Chinese Language and Culture among Overseas Chinese
—Research of Overseas Chinese Community in Italy

参考文献

安然，魏先鹏，2013.华裔新生代的跨文化传播能力分析[J].理论平台（11）：37.

曹南来，林黎君，2016.经济全球化背景下的华人移民基督教：欧洲的案例[J].世界宗教研究(4)：149.

陈鹏勇，2017."一带一路"倡议视域下的华文教育发展研究[J].高教探索(6)：100–104.

陈水胜，2016.海外华文教育发展的"形"与"势"[J].世界华文教育(7) 38.

陈秀容，1999.中国海外移民类型及移民族群特征探讨[J].地理研究（1）：46.

陈奕平，范如松，2010.华侨华人与中国软实力：作用、机制与政策思路[J].华侨华人历史研究(2)：17.

程曼丽，2012.以中国的全球战略思维重新审视海外华文传媒[J].对外传播(10)：04.

程曼丽，王维佳，2011.对外传播及其效果研究[M].北京：北京大学出版社.

丁建晖，2011.浙江籍人士投资创办海外媒体研究[J].浙江学刊(6)：219.

樊荣，2012.语言推广与文化融合问题研究[D].东北师范大学博士论文.

方玲玲，2006.全球化背景下移民传媒的文化建构作用与生存空间——基于传播人种学的角度[J].新闻与传播研究(13)2：17.

方雄普，许振礼，1995.海外侨团寻踪[M].北京：中国华侨出版社.

付京香，2013.孔子学院的文化传播及其文化外交作用[J].现代传播 (9)：144.

盖翠杰， 杨上元，2013.提高中华文化传播力和影响力研究[J].理论学刊 (9):106–111.

高婷姗，2015.当代意大利华人与当地社会的关系研究[D] .暨南大学硕士学位论文.

高伟浓，2003.国际移民环境下的中国新移民[M]. 北京：中国华侨出版社：179.

高伟浓，徐珊珊，2013.巴西华人社团的类型及发展特色——以20世纪80年代之后成立的社团为主[J].八桂侨刊(2)：49.

顾东黎，2005.跨文化传播中华文媒体的生存空间研究[D].中央民族大学硕士学位论文.

郭熙，2007.华文教学概论[M].北京：商务印书馆.

郭熙，2016.华语传播和传承：现状和困境[J].世界华文教育(3)：38-41.

郭招金，2001.全球化浪潮中的海外华文传媒的定位与角色[J].侨园(6)：6-7.

郭招金，2005.全球化浪潮中的海外华文媒体[J].山东视听：山东省广播电视学校学报(4)：40-41.

格尔兹，1999.文化的解释[M].上海：上海人民出版社.

国务院侨务办公室编，1999.侨务法规文件汇编1955-1999[M]：1，151.

海外侨情观察编委会，2015.海外侨情观察（2014-2015）[M].广州：暨南大学出版社.

胡春燕，2013.论中华文化海外传播的策略[J].中共青岛市委党校.青岛行政学院学报2013(6) :122-125.

华宵颖，2010.汉语热背景下北美中文学校文化传播功能研究[J].世界华文教育(3)：46

贾益民，2012.华文教育概论[M]. 广州：暨南大学出版社.

贾益民，2015.华侨华人研究报告[M].北京：社会科学文献出版社.

贾益民，2017.海外华文及爱与质量保障体系建设[J].世界华文教学（1）3-11页.

姜晓真，李宝贵，2017.意大利华人青少年汉语语言态度及语言使用情况调查研究——以米兰ZAPPA高中为例[J].云南师范大学学报（1）：39.

蒋晓丽，张放，2009.中国文化国际传播影响力提升的AMO分析——以大众传播渠道为例[J].新闻与传播研究，16(5)：4-8.

金程斌，2015.新时期华侨华人与中华文化传播管窥[J].华侨华人历史研究(2)：

中国语言文化在海外华侨华人社会中的传播研究——基于对意大利华侨华人社会的考察

The Research on the Function of Transmission of Chinese Language and Culture among Overseas Chinese
—Research of Overseas Chinese Community in Italy

31-37

金志刚，李博文，李宝贵，2017.意大利华文教育的现状、问题与对策[J].辽宁师范大学学报（社会科学版）（5）：105.

康晓丽，2017."一带一路"建设中提高福建对外开放水平研究[J].厦门特区党校专报(2)：57-65.

匡文波，2012.新媒体概论[M].北京：中国人民大学出版社.

拉斐尔·欧利阿尼，李卡多·斯达亚诺，2011.不死的中国人[M].邓京红，译.北京：社会科学文献出版社.

李红宇，倪小恒，李晶，2011.语言传播规律的数量化研究及其对汉语国际推广的意义[J].云南师范大学学报(对外汉语教学与研究版)09 (4)：43-48.

李嘉郁，2011.家长在华文教学中的角色与作用——对周末中文学校有关状况的思考[J].世界华文教育(4)：58.

李明欢，2009.欧洲华人社会剖析：人口、经济，地位与分化[J].世界民族(5)：47，50.

李明欢，2002.欧洲华侨华人史[M].北京：中国华侨出版社.

李清清，2014.英语和法语国际传播对比研究[D].北京外国语大学博士学位论文.

李其荣，2013.华侨华人在海外传播中华文化新探[J].广西民族大学学报（2）：117-123.

李泉，2011.文化内容呈现方式与呈现心态[J].世界汉语教学25(3)：388-399.

李世杰.发挥海外华人社团作用促进中华文化走向世界[N].人民政协报，2007-07-25(3).

李艳，2014.在文化传播中拓展语言传播，以语言传播深化文化传播[J].语言文字应用(3)：129-130.

李宇，2011.海外华语电视研究[M].北京：中国社会科学出版社.

李宇，2008.海外华文传媒：多元经营 多重收益——由新西兰中华电视网的运营谈起[J].传媒(4)：59-60.

李宇明.强国的语言与语言强国[N].光明日报，2004-07-28（4）.

林逢春，2013.海外华人新移民对崛起中国国家形象认知[J].湖北社会科学(9)：50-54

林心淦，2012.海外华侨华人传播中国文化的个案思考[J].福建论坛（人文社会科学版）(12)：119-120.

刘琛，2015.海外华文华文媒体的现状和未来[J].对外传播(10)：7.

刘康杰，李绮岚，2017."融""承""传"——社交媒体时代海外华文传媒的"变"与"不变"[J].对外传播(2)：73-75.

刘康杰，夏春平，2015.新媒体淘汰报纸？——五大洲31国59家海外华文报纸调查[J].新闻业务(1):23.

刘文珂，2016.浅析海外华文人才培养及开设全日制中文学校的可行性[J].经济研究导刊(18)：125.

龙登高，2017.海外华商与华文教育漫谈世界[J].华文教育（4）：6.

卢晓晴，冯刚，2015.中国语言文化国际传播的借鉴与反思——基于日语国际传播的比较[J].理论平台(11)：56.

陆俭明，2015.汉语国际教育与中华文化国际传播[J].同济大学学报：82.

马文利，2009.民国时期东南亚华侨华人社团文化传播初探——以抗战为中心的考察[D].延安大学硕士学位论文.

聂传清.侨领聚会成都研讨海外侨情——华人社团功能如何转型？[N].人民日报海外版，2012-07-09（6）.

聂海清.海外汉语教师教学经验谈：办好中文学校有妙招[N].人民日报，2008-09-01（7）.

彭伟步，焦彦晨，2011.海外华文传媒的文化影响力与中国文化软实力的建设[J].新闻界(5)：123-127.

沈娟，2002.欧洲华文报刊知多少[J].新闻通讯(6)：36.

宋柏年，2006.世界文明尊重原则与澳门的多重文化认同[J].北京大学学报（4）：12.

宋全成，2011.欧洲的新移民：规模及特征的社会学分析[J].山东大学学报（哲学社会科学版）(2)：148.

宋全成，2013.中国海外移民在欧洲：规模、特征、问题和前景[J].理论学刊（11）：69-73.

陶大坤、丁和根，2010.中国对外传播渠道建设之路径选择[J].当代传播（汉文版）(5)：11-14.

韦丹辉，2017.20世纪80年代以来青田华侨华人社团职能转型分析[J].丽水学院学报（6）：12-19.

吴瑛，2013.孔子学院与中国文化的国际传播[M].杭州：浙江大学出版社：2，4，27.

吴瑛，葛起超，2011.中国文化对外传播效果调查——以日本、黎巴嫩孔子学院为例[J].云南师范大学学报(对外汉语教学与研究版) 09 (1)：82-87.

吴应辉，2013.汉语国际传播研究理论与方法[M].北京：中央民族大学出版社：20，84.

武斌，1998.文化传播论——以中华文化在海外的传播来讨论[J].社会科学辑刊(5)：43.

武斌.中华文化海外传播的历史规律[N].光明日报2008-08-21（5）.

谢成佳，2002.对华侨华人社团的几点认识[J].华人历史研究（3）：23.

徐文永，2015.浙江华侨华人与中华文化在海外的传播[J].福建省社会主义学院学报(5)：87-90.

严晓鹏，2011.欧洲华文学校的发展逻辑及行动策略——以欧洲浙江人创办的华文学校为例[J].世界华文教育(3)：29

严晓鹏，2014.孔子学院与华文学校发展比较研究[M].杭州：浙江大学出版社.

严晓鹏，包含丽，郑婷，2015.意大利华文教育研究——以旅意温州人创办的华文学校为例[M].杭州：浙江大学出版社.

严晓鹏，郭保林，潘玉进，2011.现状、问题及其对策——以意大利华文教育为例[J].八桂侨刊(1)：40.

杨刚，朱珠，2013.对海外华裔青年学生中华文化认同的调查分析[J].福建省社会主义学院学报(2)：56.

杨洁，2013.美国芝加哥大学对外汉语教学"第二课堂"考察与思考——基于跨文化交际目标[J].湖南师范大学教育科学学报(2)：118.

尧雪莲，2014.意大利华文报纸发展的现状与改进策略[J].传媒(6)：57-58.

叶虎，2010.海外华文传媒与中国国家形象塑造[J].当代亚太，(2)：136，140.

叶继海，2011.全球化时代中国文化传播力的构建[J].新闻爱好者(24)：86-89.

衣长军，2016.海外新华侨华人社团与国家"软实力"建设研究[J].华侨大学学报(哲学社会科学版)（5）：14.

詹正茂，2012.发挥华侨华人的作用促进中华文化在海外的传播研究与探讨[J].研究与探讨(1)：10.

张春燕，2014.中华文化海外传播的路径和内容选择[J].云南师范大学学报(对外汉语教学与研究版) 12 (1)：5-9.

张国良，陈青文，姚君喜，2011.沟通与和谐：汉语全球传播的渠道与策略研究[J].现代传播(7)：49.

张国祚，2010.中国文化软实力研究报告[M]，北京：社会科学文献出版社.

张旺熹，2001.关于国际汉语师资培养的几点思考[J].世界华文教育 (3)：42.

张政法，2013.语言传播主体影响力构成解析[J].广电空间(8)：63.

章宏，2017.新媒体环境下海外华文报纸新闻生产现状探析——以《欧洲时报》为研究对象[J].国际传播(1)：84.

郑通涛，2017.以"四个自信"为引领，推进汉语文化国际传播的创新发展[J].海外华文教育(4)：725-735.

郑文标，2012.海外华文媒体的现状、问题与对策[J].编辑之友(12)：51-53.

朱芳瑜，2011.中华文化对外传播现状和策略研究[D].南京师范大学硕士论文.

朱麟，李嘉珊，2010.21世纪的中国语言文化的传播[J]. 未来与发展(5)：61-64.

朱勇，孙岩，2013.意大利汉语教育的现状、问题与对策[J].世界华文教育(1)：87-92.

庄国土，2011.世界华侨华人数量和分布的历史变化[J].世界历史（5）：10.

庄国土，2011.华侨华人分布状况和发展趋势[M].北京：国务院侨务办公室.

庄国土，李瑞晴，2011.华侨华人分布状况和发展趋势[M].北京：国务院侨务办公室政策法规司.

中国语言文化在海外华侨华人社会中的传播研究——基于对意大利华侨华人社会的考察

The Research on the Function of Transmission of Chinese Language and Culture among Overseas Chinese
—Research of Overseas Chinese Community in Italy

后　记

很多人认为，"汉语热"将给全球华文教育带来"黄金时代"，世界各个国家和城市的华文学校将迎来大量的机遇与机会；也有不少人认为，新媒体时代下的华文媒体已进入"后开发时代"，唯有利用媒体技术才能突围逆袭；还有人认为，在"有海水的地方就有中国人"的背景和中国崛起发展的新格局下，华人社团应具国际视野和竞争力，并进入"无界时代"。

应势而谋，应时而变。在新时期，伴随"一带一路"倡议及习近平新时代中国特色社会主义思想的提出，华文教育、华文媒体及华人社团都有了新使命和新责任。本书将目光聚焦在意大利，不仅仅是因为意大利位于"丝绸之路"西端，占据"欧洲门户和东西欧交汇点"的重要位置，并且还是新时期"丝绸之路经济带"与"海上丝绸之路"的交汇点，更因为在意大利有30余万中国华侨华人在生存发展。

10余年来，笔者一直同意大利的华文学校、华文媒体、华人社团及意大利的多所高校保持着学术交流与合作，也因此得以获得相关的研究素材。随着时间的推移及研究的深入，笔者愈发觉得海外华裔青少年是构建推动人类命运共同体的后备军，但是同时，他们在海外又面临着教育与文化上的诸多困难。以意大利为例，不少地区华侨华人子女高中毕业率低于10%，与此相对应的就是他们的就业选择和社会融入等问题。本书通过研究意大利的华文学校、华文媒体及华人社团，探求中国语言文化在意大利的传播形式和现状，构思如何让华文学校、华文媒体及华人社团渗透到海外华侨华人群体中并起到良好的教育、传播和服务的作用。

笔者心中存一执念，即让中国语言文化在海外华侨华人子女中散发出独特魅力，让他们在千里之外的异国他乡透过横撇竖捺"按图索骥"地"寻根"；让他们身处不同文化的地域仍能吟诵领悟"海内存知己，天涯若比邻"，找到"文化归属""心之所属"；让他们在充满竞争的国际社会中承袭中国语言文化，以"内练功"而"强根"。

笔者近年来近十次往返中国与意大利，走遍意大利多座城市如罗马、普拉托、那不勒斯、米兰、都灵、瓦雷泽、帕多瓦、威尼斯、锡耶纳、阿雷佐、维罗纳等，调研这些城市的华文学校、华文媒体及华人社团，将实地调研结果与客观数据等汇集成本书稿的理论依据和观点佐证，同时，也为教育部国别与区域研究基地温州大学意大利研究中心的建设奠定了坚实的基础。

在成稿过程中，《关于中国文化走出去的思考》一文被浙江省社会主义学院收录并汇编成信息建议，获中共浙江省委领导批示。笔者以意大利的调研资料为基础，申报了温州市哲学社会联合会研究课题——《中国语言文化在海外华侨华人社会中的传播》并获批（项目号为918wsk375），此书正式该课题的成果之一。

书稿完成之际，感谢参与本书编写的温州大学意大利研究中心的所有成员。本书的第一章由严晓鹏执笔；第二章的作者为张珉璐；第三章由郑婷、严晓鹏执笔；第四章的作者为张翔；第五章的作者为郑婷；第六章的作者为严晓鹏；第七章的作者为郑婷；第八章的作者为严晓鹏、郑婷。感谢包舍丽、蔡思思、余丹、王莹洁四位同事，她们查找了大量的文献资料，并做了文字校对工作。同时，感谢出版社的各位编辑为本书付出的辛勤劳动。

由于时间紧张、笔者水平有限等因素，本书的错漏与不妥之处，敬请读者不吝赐教，也希望此书能对国内外这一领域的研究起到一些参考作用。

严晓鹏　郑　婷

2018年6月11日